PETRA MOLL KURT SEEBERGER

Die schönste Stadt der Welt

PETRA MOLL KURT SEEBERGER

Die schönste Stadt der Welt

BRIGG VERLAG

ISBN-Nr. 3-87101-146-0
5. Auflage

Auf dem Gang lief ich dem Chef in den Weg. »Das trifft sich gut«, sagte er, »ich wollte mit Ihnen sprechen. Stimmt es, daß Sie an einem Buch über München sind?« Ich nickte höflich. Er lächelte: »Das wievielte über die Stadt wird das wohl sein — das zehntausendste?«
»Möglich«, sagte ich, »aber ich hoffe, die Stadt wird's ertragen.« »Gewiß«, erwiderte er würdevoll, »also, da schreibt uns eine Kollegin aus Paris, sie möchte eine Vier-Tage-Tour durch München machen wegen einer Reportage, aber nicht offiziell herumgereicht werden, sondern mit jemand herumziehen, der sich auskennt. Sie kann perfekt Deutsch, sagt sie.«
»Schreibt sie wirklich: Herumziehen?«
»Nicht genau, aber dem Sinn nach. Wie wär's mit Ihnen?«
»Vier Tage?« »Vier Tage.«
»Läßt sich machen. Es wird mir ein Vergnügen sein.« »Gut, ich werde ihr antworten.« »Wie heißt sie denn?«
»Mit Vornamen: France.«
»France? Das klingt ja wie personifiziertes Frankreich.«
»La Douce France, eine berühmte Formel«, versetzte er gelassen. In diesem Moment sah ich vor seinem inneren Auge die Schlösser der Loire, die Champagnerkeller, die Literaten, die Restaurants auftauchen, von denen man weiß, daß er sie liebt.
»Es ist doch so, Chef, mit jedem französischen Wort, das Sie hören, schmecken Sie sofort das ganze Frankreich, nicht wahr.«
Er sinnierte mich an, ich antwortete mit liebenswürdigen Blicken. Dann sagte er: »Ich weiß Ihre Komplimente zu schätzen; sie werden stets mit dem Salz der kleinen Bosheit serviert.«
Sprach's, ging und lächelte.

Petra Moll

Erster Augenschein

»Und wo ist der König bitte?«

Ich traute meinen Ohren nicht, es kam so unvermittelt. (Wir hatten sie gerade am Flughafen abgeholt, ein schnelles Sommergewitter mit Sturzflut war vorüberzogen, die Nachmittagssonne kehrte zurück. Wir näherten uns mit dem Auto den Hochhausgebirgen der Stadt.)

»Der König?«, murmelte ich betreten und betrachtete sie von der Seite. Ein Knabenmädchen mit kurzem schwarzem Haarpelzchen, großen, flinken, dunklen Augen, dunkler Stimme. Sehr hübsch. Intelligent. Eine Audrey Hepburn der siebziger Jahre. Alter vielleicht fünfundzwanzig.

»Der König«, murmelte ich. Sie nimmt dich auf den Arm. Oder sollten sie in Paris wirklich nicht davon gehört haben, daß wir seit 1918 Republikaner sind?

»Welchen König meinen Sie, Mademoiselle? In dieser Stadt ist eigentlich jeder ein König«, sagte ich nachsichtig.

Sie schüttete sich aus vor Lachen. »Pardon, Monsieur, das war ein Quiz. Als ich nämlich einem Freund in Paris erzählte, daß ich nach München ginge, um die Stadt zum erstenmal in meinem Leben zu sehen und eine Vier-Tage-Reportage zu schreiben, sagte er: ›Pass' auf. Die halten sich dort alle mehr oder minder für königlich . . .‹ Ein kluger Mensch, nicht wahr, Monsieur.«

Sie schaute mich triumphierend an. Ein richtiges kleines Biest.

»Sie sind sehr charmant, Mademoiselle«, sagte ich grinsend.

Sie blickte auf die vorüberfliegenden Bäumchen, die die Straße säumen und auf die Bäume, die das Land bedecken. Ich folgte ihren Augen und überlegte, was sie uns da aus Paris wohl geschickt hatten, als sie sich umdrehte:

»Eine Stadt mit Bäumen, wie schön. Ich mag solche Städte. Im Baum steckt der Wald, im Wald steckt die Wildnis. Eine Stadt mit Bäumen hat eine freiere Natur.«

Da ich nicht sicher war, ob sie nicht wie-

der ein Quiz an mir ausprobieren wollte, schwieg ich; es schien sie zu irritieren; fast drängend sagte sie:
»Monsieur, Bäume sind die Poesie der Städte!«
In diese Richtung ging es also. Ich sagte vorsichtig:
»Das ist sehr hübsch gesagt. Aber was bedeutet es?«
»Das bedeutet —« sie starrte vor sich hin —, »das bedeutet, daß Bäume Gedichte sind. Bäume sind lyrische Lebewesen. Naturgedichte. Sie leben in unserem Gefühl. Unsere Gefühle sind poetisch . . .«
»Poetisch? Meinen Sie wirklich?«
»Ja. Ich empfinde es so.«
»Vielleicht sind Sie eine Dichterin.«
»Ich bin Reporterin, wie Sie vielleicht wissen.«
»Vielleicht sind Sie eine lyrische Reporterin, falls das kein Widerspruch ist. Sie kennen doch Hemingway. Ein großer Reporter. Wo sind bei ihm die Gefühle?«
»Sie kennen doch von ihm ›Der alte Mann und das Meer‹, diese Fischfanggeschichte, die mit der Niederlage des Fischers endet. Wo sind bei ihm die Gefühle nicht?«
»Aber in diesem Falle hat der Leser die Gefühle.«
»Nun denn, ich sehe einen Baum, ich liebe ihn. Ich lese seine Geschichte. Ich bin seine Leserin.«
So hatte ich das noch nie gehört, und es frappierte mich: »Ich würde gerne mal etwas von Ihnen lesen.«
»Wenn ich wieder in Paris bin, werde ich Ihnen das Vergnügen machen.« Sie lächelte verstohlen.
Inzwischen waren wir zwischen den ersten Häusern der Stadt. Sie drehte sich nach links, warf einen Blick auf das Prinzregententheater, sagte: »Aha, Jugendstil« — »ja, aus dem Jahr 1901, ein berühmtes Theater, jetzt nicht mehr, es wartet darauf, ob sich jemand entschließt, es wieder instandzusetzen —« beobachtete die Bäume ringsum. Als wir an der Villa des berühmten Malers Franz von Stuck vorbeifuhren, sagte sie: »Schon wieder Jugendstil«, was mich wunderte, denn man muß sich gut auskennen, um so schnell reagieren zu können.
In der Prinzregentenstraße jubelte sie über die vielen Bäume und über das Prinz-Carl-Palais. Als wir die Ludwigstraße überquerten, warf sie rasche Blikke nach rechts und links, schwieg jedoch.

Schritte

Bald darauf setzten wir sie im Universitätsviertel vor ihrem Hotel ab. Sie werde sich rasch umziehen. Ehe sie in der Türe verschwand, sagte ich:
»Ich würde Sie nachher gern als Fußgängerin wieder in Empfang nehmen.«

Sie zog die schwarzen Augenbrauen in die Höhe und sagte mit ironischem Timbre:
»Ich war die beste Dauerläuferin meiner Klasse, Monsieur.«
»Dann ist's ja gut.«
»Was ist gut?«
»Daß Sie eine solche Läuferin sind.«
»Weshalb bitte?«
»Weil München eine Stadt für Fußgänger ist.«
Sie schaute schadenfroh in die Runde:
»Ich verstehe, deshalb die vielen Autos.«
Ihre spöttische Schlagfertigkeit begann mich zu zermürben. Geduldig erwiderte ich:
»Sie haben recht. Aber die Autos sind anachronistische Überbleibsel aus den

Anfangszeiten der Technik. Kinderkrankheiten des Industriejahrhunderts. Absurde Konstruktionen. Vor allem in den Städten. Statt den Verkehr voranzutreiben, heben sie ihn auf.«

»Ah, ein Gegner des Fortschritts!«

»Im Gegenteil. Wo ist denn hier Fortschritt?«

Sie schaute in die Runde und nickte.

»Mademoiselle, München ist eine Stadt, weither aus der Geschichte, eine Stadt des Mittelalters. Ihr Maßstab: Die Schritte des Fußgängers. München ist so angelegt, daß man, um alles Wichtige zu sehen, alles zu Fuß machen kann. Und der Fußgänger ist der geborene Augenmensch. Nur wer herumschlendert, sieht. Und es sieht nur der, der sich etwas anschauen kann. Und wer sich etwas anschauen will, muß stehenbleiben können, wo es ihm gefällt. München mit seiner Architektur der Gebäude, Straßen und Plätze ist gemacht, um einem in die Augen zu springen.«

»Man hört es geradezu«, erwiderte sie spöttisch, »die Ohren kommen auch auf ihre Kosten.« Sie wies abermals auf die wogende Autoherde. Das mahlende, bohrende, monoton trostlose Fortschrittgeräusch der herankommenden, stehenbleibenden, weiterfahrenden, stotternden Motore, die vor der Kreuzung kurz verschnauften, um dann mit Gejaul vorwärtszustürzen.

»Monsieur, wenn man sich diesen Lärm bewußt macht, wird man verrückt. Ich habe mich in Paris darauf dressiert, ihn nicht mehr wahrzunehmen. Ich höre aber, wenn die Autos einmal irgendwo aufgehalten werden, ein paar Sekunden lang das Schweigen in der Stadt. Dann bin ich ganz glücklich.«

»Die Stille der Städte, das wäre ein neues Glück. Man müßte es probieren.«

»Wie wollen Sie es probieren?« Sie sagte es ungläubig.

»Früher wimmelte es in Deutschland von Schildern:

BETRETEN DES RASENS VERBOTEN«

»Ja und?«

»Dieselbe Mitteilung zeitgemäß abgewandelt, könnte doch lauten:

INNENSTADT FÜR AUTOS GESPERRT.«

»Monsieur«, sagte sie mit ihrem liebenswürdigsten Lächeln, »ich freue mich, in Ihnen einen modernen Optimisten kennenzulernen.«

»Vielen Dank. Aber ist es nicht so: Arme Leute müssen mit dem Auto fahren ...«

»Und die reichen Leute?«

»Können zu Fuß gehen.«

»Ja?«

»Ja. Denn wer zu Fuß gehen kann, zeigt, daß er Zeit hat.«

Bosheiten von damals

Eine Viertelstunde später hatte sie den Mini mit Blue Jeans vertauscht. Das schmale, etwas blasse Gesicht schwebte über einem leichten dunkelblauen Pullover. Ich schaute auf ihre Füße: Wildlederschuhe.

»So, die Besichtigung der Fußgängerstadt kann beginnen«, sagte sie fröhlich, »was schlagen Sie vor?«

Ich schlug ein Abendessen im Freien unter blühenden Kastanien vor, es sei dort schön kühl, und außerdem könne man erleben, wie sich die Münchner in solchen Wirtsgärten, von denen es nicht mehr viele gebe, gütlich tun.

»Gütlich tun? Was ist das? Das kenne ich nicht.«

»Das heißt: Sich's gemütlich machen. Sich Zeit lassen. Sein Bier trinken. Etwas dazu essen. Sich mit dem Nachbarn am Tisch unterhalten. Miteinander reden über Gott und die Welt. Und über die Zeiten. Und über die Steuern, über die Politik, über die Preise.«

»Ich bin sehr gespannt, Monsieur. Es klingt ein wenig idyllisch, finden Sie nicht?«

»Ist es auch. Eigentlich ist es altväterlich. Solche späten Nachmittage und Abende in den Wirtsgärten sind das letzte Kapitel einer Erinnerung . . .«

»Erinnerung?«

»Ja. Erinnerung aus der Zeit, da der Mensch, wenn die Arbeit vorüber war, den Feierabend beging. Der Feierabend war der Übergang vom Tagewerk zur Nacht. Aber das Fernsehen hat ihm den Garaus gemacht. Um acht Uhr abends muß der Mensch daheim sein, um die Hiobsbotschaften der ersten Nachrichtensendung zu erfahren.«

»Also auf zum Feierabend«, sagte sie gutgelaunt. Wie lange wir zu gehen hätten? Eine halbe Stunde etwa, sagte ich und bog mit ihr hinter der Universität in die Amalienstraße ein. Ich hatte die Absicht, mit ihr über den Königsplatz zum Augustinergarten zu gehen. Aber kaum hatte sie die Büchergeschäfte gesehen, als sie stehen blieb, um alles in Augenschein zu nehmen. In der Schellingstraße geschah dasselbe. Da es jedoch ihre Reportage werden sollte und nicht die meine, störte ich sie nicht. Sie prüfte stumm sämtliche Auslagen und sagte nur einen einzigen Satz:

»Bücher sind nämlich meine Leidenschaft.«

Nachdem sie sich sattgesehen hatte, wandte sie sich wieder mir zu:

»Das scheint das Quartier Latin Münchens zu sein . . .«

»Ja. Aber eng beeinander, en miniature.«

»Gerade das gefällt mir. Paris mit seinen 9 Millionen Menschen ist mir sowieso zu groß. Sie als Fußgänger würden dort nichts ausrichten können, Monsieur.«

Ich sagte ihr, daß ich Paris kreuz und quer durchstreift hatte, und kam mit ihr in die Türkenstraße. Wieder äugte sie durch die Schaufenster der Buchhandlungen. Vor einem bibliophilen Antiquariat stieß sie einen leichten Schrei aus:

»Alte Bekannte!«

Ich wunderte mich, woher sie den »Simplizissimus« und die »Jugend« kennen sollte, von denen je eine Nummer aufgeschlagen hinter der Scheibe lag. Und sagte es ihr. Sofort antwortete sie:

»Das Thema meiner Doktorarbeit hieß: ›Die Satire im Deutschland Wilhelms des Zweiten‹.«

Ich war sprachlos: »Wie sind Sie denn darauf gekommen?«

»Eigentlich durch einen Zufall. Mein Großvater ist lange Jahre als Diplomat in Berlin gewesen, er hatte die Sachen gesammelt. Ihm verdanke ich auch, daß ich in Deutsch ausgebildet wurde. Als er starb, hinterließ er mir die Bände, die ich aber schon kannte, weil ich sie bei ihm oft betrachtet hatte. Mein Großvater hatte ein Faible für Deutschland, wie er zu sagen pflegte. Das ist ein Land, in dem mehr steckt als man weiß, war ein Kehrreim bei ihm.«

Ich hustete. Es klang so treuherzig, konnte aber ironisch sein. »Was wollte der Großvater damit sagen?«

Sie strahlte:

»Daß die Deutschen wie die anderen Europäer die Gabe der Bosheit hätten. Der Satire, meine ich. Als Beweis nahm er den Simplizissimus, der die Offiziere, die Richter, die Pfarrer, die Lehrer, den Kaiser, die Politiker und all die anderen Herrschenden immer wieder attackierte. Und er sagte oft: Man solle doch ja nicht vergessen, daß Voltaire ein Bürger der Stadt Berlin gewesen sei. Wissen Sie, was ich glaube? Mein Großvater war der Meinung, daß die Deutschen das Satirische von seinem Lieblingsheiligen Voltaire hatten.«

»Vielleicht haben wir es eher von Heinrich Heine«, erwiderte ich. Wir schauten wieder durch das Fenster. Auf der einen Seite des Simpl fand sich eine Zeichnung mit zwei Figuren. Links ein rundkopfiger junger Mann im dunklen Bratenrock, eine Studentenmütze in der weißbehandschuhten Rechten. In Devotionshaltung, Verbeugung andeutend. Vor ihm ein verlegen mit den Händen spielendes Mädchen im hellen Kleidchen.

»Den Stil kenne ich. Das muß von Eduard Thöny sein.«

Wir schauten hin. Sie hatte recht.

»Können Sie den Text darunter lesen?«

Sie spähte nach der Zeichnung und las langsam vor: »UNTER KINDERN:

›Ach, ich denke mir das himmlisch, Corpsstudent zu sein.‹ ›Schmeichelhaft, höchst schmeichelhaft! Immer wohltuend, wenn heranwachsende Jugend Verständnis für was Höheres zeigt.‹ «

Gelächter. Sie erspähte sogar, daß es ein Heft von anno 1900 war.

»Diesen Thöny mag ich sehr. Er ist so elegant und präzis. Jede seiner Karikaturen trifft, ich meine: Ein Gesicht bei ihm ist ein Porträt. Am meisten bewundere ich, wie er die Holzhackerköpfe der Bauern erfaßt hat. Und die Pferde und das hochfeine Publikum der Rennbahnen.«

Sie sagte dann, diese großen Künstler im Deutschland Wilhelms II., die in Berlin und München mit dem bissigen Wort und der Zeichenfeder auftraten, um die Personen der Zeitgeschichte und die Typen der Epoche mit Ironie und scharfem Verstand bloßzustellen, seien eigentlich Gesellschaftskritiker gewesen: »Aber das war damals Kritik mit Witz und Pfiff und Bosheit. Gehört in das Kapitel: Humor-Satire. Das alles paßt aber nicht für die Universität; drum muß die moderne Gesellschaftskritik ohne eigenes Gelächter auskommen.«

Im Patio

Nachdem wir uns von den Karikaturen verabschiedet hatten, fragte sie fast schüchtern, ob jetzt die Gartenwirtschaft käme. In dreißig Minuten, erwiderte ich. Sie seufzte ein wenig, blickte mich treuherzig an und wollte wissen, ob es nicht vielleicht in der Nähe auch etwas zu essen gäbe.

»Doch, in der Nähe ist etwas, was Sie vielleicht überraschen wird.«

Wir folgten der Schellingstraße kurz nach Westen, traten durch die Türe eines Eckhauses auf der rechten Seite ein, gingen durch die dunkel gehaltenen Räume an weißgedeckten Tischen vorbei, folgten einem kleinen Gang, öffneten einen Bambusvorhang und befanden uns in dem kleinen, hochgeschachteten Innenhof mit einigen Tischen, einigen Nischen, einem Tempelchen mit zwei gelben Säulen und einem Brunnen in der Mitte. Es war angenehm kühl.

»Das ist ja ganz entzückend«, sagte sie und nahm Platz. Einige Gäste, aber kein Autolärm. In einer Ecke ein Kastanienbaum mit hellen Blättern, ohne Blüten bis zum dritten Stock in den Honighimmel hinaufragend, der als ein stilles Quadrat darüber schwebte.

»Das ist ja unwahrscheinlich«, sagte sie. Plötzlich legte sie den rechten Zeigefinger auf die Lippen und machte: Pst!

Ich schaute erstaunt.

»Der Brunnen«, sagte sie.

Der Brunnen raunte, plätscherte, glukkerte unter grünen Blättern und wehte kühle Luft her.

»Wie in Spanien. Ein Patio«, sagte sie.

»Eher wie in Italien, der Wirt ist Römer.«

»Also sagen wir: Wie am lateinischen Mittelmeer.«

Der Kellner kam, ein schwarzhaariger Jüngling. Wir bestellten Valpolicella weiß und zunächst Spaghetti.

Sie blickte sich um:

»Das hätte ich in München nicht erwartet.«

Es freute mich: »Wir sind beinahe eine italienische Stadt. Wir liegen an den entrückten Ufern des Mittelmeers. Wir haben zwar nicht das Klima Italiens, aber an manchen Tagen ist ein Licht über der Stadt, das vom Mittelmeer zu kommen scheint. Und in unserer Architektur ist Italienisches, Römisches und auch Griechisches. Sie werden es noch sehen. Wir sind die nördlichste Stadt des europäischen Südens und die südlichste Stadt des europäischen Nordens. Unser Himmel ist tatsächlich oft italienisch.«

»Im Moment aber nicht«, sagte sie lachend und blickte hinauf. Ich gab nicht nach: »Heute mittag ist er italienischblau gewesen.«

»Und jetzt kommt ein Gewitter«, versetzte sie triumphierend.
Wir waren kaum mit dem Essen fertig, als die ersten Tropfen fielen. Ich wollte gerade die Flasche mit den Gläsern ins Innere tragen, als uns ein Herr unter dem Dach des Tempelchens, von zwei jungen Damen flankiert, zurief:
»Kommen Sie doch zu uns, hier ist es trocken.«
Man machte sich miteinander bekannt. Der Regen platschte herunter. »Zenta«, rief der Herr. Zenta kam sofort aus dem Haus, der Kellner ließ sich nicht sehen – »das ist nicht sein Revier« – erklärte Zenta mit Nachdruck.
»Zenta stammt aus Bayern«, sagte der Herr.
»Sie hat etwas sehr Bestimmtes«, erwiderte Mademoiselle.
»Ja, das hat der bayerische Menschenschlag so an sich«, sagte ich.
Unsere kleine Gesellschaft begann, sich auf den Zahn zu fühlen. Es stellte sich heraus, daß wir Herrn Graphikon gegenübersaßen, einem Liebhaber und Sammler von Graphiken und Plakaten, der auch ein Büchernarr war und Mann von Welt, auf sämtlichen Auktionen daheim, ein Lebenskünstler, der von der Liebe zur Kunst lebte und offenbar die Mittel dazu hatte. Ich hatte nicht gewußt, daß es so etwas überhaupt noch gibt, war vielmehr der Meinung gewesen, der Typus sei ausgestorben. »Ist das ein richtiger Münchner?« fragte sie leise.
Ich gab die Frage weiter:
»Ob Sie ein richtiger Münchner sind, möchte Mademoiselle wissen.«
»Und ob. Ich bin einer der wenigen *gebürtigen* Münchner, die es noch gibt. Wir machen vielleicht noch 20 Prozent aus. Und das in einer Stadt mit fast anderthalb Millionen Menschen.«
Sie mußte gespürt haben, daß die letzten Worte einen Unterton hatten, eine leichte Aufsässigkeit, denn sie fragte:
»Sie betonen es so, daß ich glaube, die anderen Menschen seien anders als Sie.«
Er lachte trocken: »Anders? Sagen wir so: Die anderen sind Zugereiste, Hergezogene, Leute, die sich in der Stadt niedergelassen haben. Unter ihnen gibt es aber auch *geborene* Münchner.«
Sie war erstaunt: »Es gibt gebürtige und geborene Münchner? Und wo ist da der Unterschied?«
»Es ist so«, erwiderte er: »Jeder, der in München zur Welt kommt und das Bayerische in sich hat, ist ein *gebürtiger* Münchner.«
»Und ein *geborener* Münchner?«
»Das ist zum Beispiel dieser da«, sagte er und deutete auf mich. Sie schaute groß. Ich warf dazwischen, daß es noch einen dritten Typus gebe, aber er war am Zug: »Sie sind vielleicht eine geborene Münchnerin, aber das weiß ich noch nicht, weil ich Sie erst so kurz kenne.«
»Sehr liebenswürdig, aber ich bin aus Paris, wie ich bereits sagte«, erwiderte sie höflich.

»Das macht ja nichts. Sie könnten trotzdem eine geborene Münchnerin sein. Jeder, der irgendwo geboren ist, kann, wenn er hierherpaßt, ein geborener Münchner sein.«

Sie war offensichtlich verwirrt und sagte:

»Ich fürchte, Sie noch nicht ganz verstanden zu haben.«

Fast väterlich meinte er: »Also, es ist so — wer sich in die Münchner Stadt ganz einlebt, wer sie in sich aufnimmt, wer in und mit ihr lebt, sie erkennt, sie liebt, sie versteht und sich eines Tages sagt: Ich kann nur hier und nirgendwo anders leben — der hat das Zeug dazu, ein geborener Münchner zu sein. Man muß in die Stadt hineinwachsen, muß drin leben wie die Nuß in der Schale, muß bayerisch fühlen und denken — dann ist man ein geborener Münchner.«

»Was sind aber dann die gebürtigen Münchner?«, fragte sie fast verzweifelt.

»Pardon Mademoiselle«, erwiderte er, »das ist sehr schwer zu sagen. Wer hier gebürtig ist, und aus einem alten Geschlecht kommt, der hat ein besonderes Wesen. Ich will es zugespitzt ausdrükken: Der gebürtige Münchner ist zurückhaltend. Er kann schweigen, wenn es sein muß, und es muß oft sein. Wir sind zwar schlagfertig, wenn's nottut. Aber wir tragen unser Herz nicht auf der Zunge. Das überlassen wir den anderen. München wird eh' schon zuviel besungen und gepriesen. Das macht die Leute draußen in der Welt nur unnötig auf uns aufmerksam. Wenn ich bloß den Satz ›München ist die Weltstadt mit Herz‹ höre, dreht sich mir der Magen um.«

»Aber das klingt doch sehr hübsch, es ist so liebenswürdig. Ein Kompliment für die Stadt«, sagte sie.

»Aber wir machen eben keine Komplimente. Uns selber loben wir fast nie. Wir beweihräuchern uns nicht. Ein wahrer Münchner sagt nicht viel über seine Stadt, schon gar nicht sagt er's für die anderen. Wir Alteingesessenen haben noch etwas vom alten Bauernschlag. Und der redet nur das Allernotwendigste vor Fremden, vor allem, wenn er sie nicht kennt. Wir haben hier einen Dichter gehabt, Richard Billinger hat er geheißen, der war gut und stark. Er ist 1965 gestorben. Der hat einmal geschrieben: ›Sind lauter Bauern da. Aber die gehören alle hierher und sind nicht fremd. Das Fremde, mein ich, ist das Böse.‹ «

»Mein Gott«, murmelte sie, »das ist ja wie bei einem Naturvolk. Wie bei einem Stamm.« Sie schien konsterniert.

Herr Graphikon lächelte ihr zu:

»Mademoiselle, Sie brauchen sich nicht zu fürchten. Das mit der Fremdheit ist nicht so schlimm. Wir scheuen nur vor dem Fremden, das uns unbekannt ist. Wenn wir mit ihm vertraut sind, hört es auf, fremd für uns zu sein. Und jetzt will ich Ihnen etwas sagen: Sie sind für mich ein französisches Zaubermädchen.«

Sie lächelte etwas beunruhigt und erwiderte:
»Monsieur, Sie sind der charmanteste Münchner, den ich kenne.«
Er schien entzückt. Jedenfalls lud er uns auf der Stelle ein, mit ihm nach Hause in die Königinstraße zu fahren. Wir kamen in zwei durchgehende Zimmer, deren Wände mit Bildern und Bildchen wie tapeziert waren. Ein Kunstkabinett. Er diskutierte mit Mademoiselle über die Satire in Deutschland, wobei er sich als Eingeweihter erwies. Einmal sah ich sie einen Satz notieren, den er gesagt hatte. Sie schob mir ihr Notizbuch herüber. Ich las:
»Die Satire ist die Wahrheit in ihrer bittersten Form; sie muß im Gelächter enden.«
»Ist das eine Sentenz für Ihre Reportage?«, fragte ich nicht ohne Bosheit.
»Man wird sehen«, erwiderte sie ungerührt.
Als er dann noch ihren Landsmann Toulouse-Lautrec als den einzigen großen Plakatkünstler feierte, strahlte sie.
Um Mitternacht gingen wir zu ihrem Hotel.
»Wie schnell das geht«, sagte sie: »Mittags war ich noch in Paris, nachmittags kam ich in München an und traf Sie, abends saß ich in einem Patio, dann hörte ich etwas über die geborenen und die gebürtigen Münchner.«
»Haben Sie nicht etwas vergessen?«
Sie machte kreisrunde Augen, was ich als ein Zeichen höchster Verwunderung nahm.
»Ja, vergessen«, setzte ich hinzu, »Sie haben doch ein Bekenntnis abgelegt, als Sie sagten, Bäume seien poetisch, Sie hätten die Gabe, einen Baum ›zu lesen‹, wie Sie sich ausdrückten, und sogar unsere Gefühle seien bereits Poesie.«
»Oh, Monsieur, Ihr Gedächtnis ist bewundernswert«, sagte sie heiter-spöttisch. Dann schaute sie recht warmherzig: »Monsieur, es ist alles mehr als ich erwartet hatte.«
»Was hatten Sie denn erwartet?«
»Ich hatte befürchtet, daß Sie mich gleich ins Museum schleppen würden.«
»Das macht man doch nur mit Touristen und wenn Besuch vom Land kommt.«
»Ah, Sie wollen mir etwas vorenthalten«, sagte sie pikiert, aber das war gespielt. Ich mußte protestieren, verprach ihr eine Galerie, aber in dieser nur ein einziges Bild. Natürlich wollte sie sofort wissen, was und von wem es sei, aber ich ließ mir nichts entlocken.
Als wir uns verabschiedeten,, hatte sie noch eine »letzte Frage«:
»Monsieur, glauben Sie, daß vier Tage für München reichen?«
»Wenn vier Tage nicht langen, muß man ein ganzes Leben dazu aufwenden.«
Und jetzt war Ruhe.

Acht Jahrhunderte in 30 Minuten

In der Nacht hatte es geregnet, aber der Morgen kam strahlend herauf. Föhn lag in der Luft. Sie erwartete mich um neun Uhr gutgelaunt in ihrem Hotel. Was wir unternehmen würden?
»Ich möchte Ihnen *mein* München zeigen, Mademoiselle«, sagte ich.
»*Ihr* München, Monsieur? Was ist das?«
Ich antwortete, daß sie unbesorgt sein könne, ich würde ihr nichts unterschlagen. Aber *mein* München ist *nicht das ganze* München. Wir werden uns daher die Hochhausviertel am Rande der Stadt schenken, denn die findet man überall. Was man aber nur hier findet ist das Gebiet zwischen der Residenz und dem Königsplatz, ist die Ludwigstraße samt Leopoldstraße und Schwabing. Wer das alles kennt, kennt München. Und da die Seele der Stadt in der Altstadt liegt, werden wir uns zuerst dorthin begeben.
»Es geht aber nicht ohne ein Kapitel Geschichte, Mademoiselle«, setzte ich warnend hinzu (weil man ja so oft hört, daß sich die junge Generation für die Historie genau so wenig interessiert wie die alte). Sie blitzte mich an:
»Wem sagen Sie das, Monsieur! Geschichte ist mein Lieblingsfach. Paris blickt immerhin auf 2000 Jahre zurück. Jeder Bewohner einer alten Stadt ist ein Erbe. Auch wenn er wie blind an der großen Architektur vorüberläuft, bleibt er ein Enkel.«
Ich war entzückt, die Fünfundzwanzigjährige so altklug vom Enkel reden zu hören, lachte, stimmte zu und sagte:
»Ich biete ihnen acht Jahrhunderte in 30 Minuten.«
Sie deutete eine ironische Verbeugung an:
»Das ist sehr großzügig von Ihnen, Monsieur, aber was heißt es?«
Ich erklärte ihr, daß wir das 19. Jahrhundert, auf dessen Boden wir hier in der Amalienstraße stünden, allmählich verlassen würden, um uns der Altstadt zu nähern. Das dauert nicht lang. Im Innersten der Stadt angelangt, werden wir uns auf dem Boden des 12. Jahrhunderts

befinden und an der Stelle sein, wo München begonnen hat, München zu werden. Auf ins Mittelalter!
»Ich nehme die acht Jahrhunderte als ein Geschenk an«, sagte sie ganz ernsthaft.

»bei den munichen«

Auf dem Weg zur Innenstadt befürchtete ich mehrfach, ihr Sinn für Geschichte sei doch nicht so stark wie sie versichert hatte, denn sie vertiefte sich in jedes Modegeschäft. Ich hatte vergessen, daß junge Damen das Recht haben, ihre Augen auf das Schlaraffenland der Neuzeit zu richten. Endlich standen wir an der Peterskirche. Der hoch aufragende, in langer Spitze auslaufende Turm — der »Alte Peter« -- bohrte sich in den stahlblauen Himmel. Wenig Autos. Ich zeigte ihr in der Kirche den goldflimmernden Barock-Hochaltar des Erasmus Grasser, der einer der schönsten in der Stadt ist, und machte sie auf die Kirchenväter des Egid Quirin Asam aufmerksam.
»Das ist alles sehr schön, Monsieur, aber mir scheint, wir sind im falschen Jahrhundert. Das ist doch kein Mittelalter mehr, sondern Barock, ich schätze um ...«
»Ja, in den alten Kirchen wie in den alten Städten geht es etwas durcheinander. Die Peterskirche ist oft zerstört und umgebaut worden. Aber die Fundamente sind uralt. Wir befinden uns hier in einer der Herzkammern der Stadt. Die Kirche steht auf frommem Grund. Mönche des Klosters Tegernsee, das seit dem Jahre 750 bekannt war, haben sie im romanischen Stil erbaut. Vermutlich im 11. Jahrhundert. Hochmittelalter. Sie wird wohl sehr klein gewesen sein, denn es gab damals hier nur ein paar Behausungen. Was wissen Sie vom Salz?«
Sie war höchst erstaunt:
»Vom Salz?«
»Ja.«
»O Monsieur, muß man das wissen? Ich bin keine Köchin. Man hat mich noch niemals danach gefragt. Man muß es wissen?«
»Sie können es vielleicht für Ihre Reportage brauchen.«
»Das Salz?«
Ihre Augen funkelten; sie fühlte sich herausgefordert und schwieg.
Wir verließen die Kirche, gingen an der Längsseite vorüber, stellten uns auf die kleine Plattform hinter dem Chor, um auf den Viktualienmarkt hinunterzuschauen. Es sind vierzehn Stufen hinab. Wenn es ihr recht wäre, sagte ich, würde ich ihr jetzt die kleine Rede halten, die ich ihr als Fremdenführer schuldig sei. Sie nickte.
Auf dieser kleinen Anhöhe, wo die Pe-

Petra Moll

terskirche steht — bis zum Viktualienmarkt sind es zwei bis drei Meter hinunter — ist München entstanden. Die Erhebung hat jetzt nichts mehr zu bedeuten, aber damals war sie wichtig. Denn da unten, wo jetzt die Marktbuden und die paar Bäume stehen, war damals vermutlich Sumpf, waren vielleicht die Auwälder der Isar, die, ein ungezügelter und reißender Fluß, ihre Wasser bis zum Fuß der Anhöhe schickte. Vor allem: Es gab in dieser Gegend damals keine Brücke. Ich sagte schon, daß es Mönche des Benediktinerklosters Tegernsee waren, die hier oben die erste Kirche bauten. Diesen Mönchen verdankt München seinen Namen. Die kleine Siedlung, die es hier gab, hieß damals »bei den munichen«, wörtlich: »bei den mönchen.« und aus munichen wurde: MÜNCHEN.

In den letzten Jahren hat man unter der Peterskirche Mauerreste aus römischer Zeit gefunden.

»Ah, die Bayern als Lateiner«, warf sie dazwischen.

»Nicht ganz, Mademoiselle. Immerhin, die Römer sind hier gewesen, 60 Kilometer von hier im Westen befindet sich eine Stadt, die im Jahre 15 v. Chr. in der Zeit des Kaisers Augustus gegründet wurde. In jener Zeit begannen die römischen Legionen, das Land zwischen den Alpen und der Donau zu besetzen, sie sind ja auch am Rhein gewesen. Die Stadt im Westen hieß übrigens Augusta Vindelicorum.«

»Den Namen kenne ich nicht.«

»Es ist Augsburg.«

»Also so alt wie Paris«, sagte sie verwirrt.

»Ja. Wir sind zwar keine Lateiner, weil unsere Sprache nicht aus dem Romanischen kommt wie die französische oder spanische, aber auch uns haben die Römer ins Dasein gerufen. Bayern war römisches Besatzungsland. Und das gut 300 Jahre lang. Als die Römer 260 n. Chr. durch Völkerschaften, die auf ihre Grenzen drückten, in Schwierigkeiten gerieten, begannen sie mit dem Rückzug. Der Anfang vom Ende des die damalige Welt umspannenden Imperium Romanum war damit gekommen. Und die große Roma ging unter; die Stadt wurde 410 n. Chr. von den Ostgoten erobert, geplündert und gebrandschatzt.«

»Und die Weltgeschichte verlagerte sich nach Norden, die Germanen treten auf. Was für ein Stamm sind die Bayern?«

»Das ist nicht leicht zu sagen. Man hat einige Theorien. Eine, die bis zuletzt gegolten hat, besagt, die Bayern seien aus Böhmen her eingewandert. Eine zweite behauptet, die Bayern seien aus den Kelten, also den Galliern hervorgegangen, die sich mit den im Lande ansässigen Römern vermischt hätten. Aber die allerletzte erklärt, die Bayern seien Illyrer gewesen.«

»Viel ist über die Illyrer leider nicht auszumachen. Man kennt keine schriftlichen Zeugnisse von ihnen, es ist daher schwer, genaueres über sie zu sagen. Die Ansicht geht dahin, daß sie um 1800 v. Chr. auf dem westlichen Balkan aufgetreten sind, sie sollen auch in Dalmatien gelebt haben bis hinunter zur jetzigen jugoslawischen Adriaküste — «,

»— und sind vermutlich die Flüsse heraufgezogen, der Donau entlang und über die Gebirgspässe. Kann es so sein?«

»Vermutlich. Die Donau ist ja ein bayerischer Fluß, jedenfalls eine Strecke lang, und zwar zwischen Ulm und Passau. Das ergibt: 476 Kilometer Flußgebiet.«

»Waren die Illyrer Germanen?«

»Indogermanen sollen sie gewesen sein.«

»Und was für Menschen sind die Bayern?« — Das müßte ich mir erst zurechtlegen, denn es sei schwer auszumachen, sagte ich, und ging mit ihr auf den Viktualienmarkt hinunter.

Drei Volkssänger

Der Markt empfing uns mit Menschengewimmel, Blumen, Fischen, einigem Schatten unter seinen paar Bäumen, den üblichen Autoschlangen mit dem üblichen Lärm, den Verkäuferinnen, meist älteren Münchnerinnen, und dem gewohnten Trubel.

Ich führte sie vor ein dürres Männchen in Metall, das über einer Art hoher Mondsichel, ebenfalls aus Metall, stand. Aus vier winzigen Mäulern von Wasserspeiern über ihm ergoß sich ein dünner Strahl, den ihm der Wind manchesmal auf Jackett trieb. In der rechten Hand trug er ein kleines Radieschenbündel, was aber nicht im Sinne des Bildgießers war, auch hatten sie ihm einige gelbe Margeritensträußchen zugesteckt.

»Er sieht ganz zerfurcht aus«, sagte sie, als sie um ihn herumging und das zerrissene Gesicht betrachtete.

»Das ist einer der berühmtesten Münchner, Mademoiselle.«

»Er sieht so mager aus, ich dachte, die Münchner seien eher behäbig.«

»Er war einer von der besonderen Sorte. Daß sie ihm hier auf dem Viktualienmarkt, wo München noch wie zu alter Zeit zum Einkaufen herkommt, dieses Denkmal aufgestellt haben, war die Stadt ihm schuldig.«

Sie schaute in den Trubel, nickte und sagte:

»Wer ist es?«

»Karl Valentin.«

Sie schaute fragend. Natürlich hatte sie noch nie von ihm gehört. Ich sagte:

»Karl Valentin, der Volkssänger.«

Volkssänger war ihr ebenfalls neu. Ich versuchte ihr es zu erklären, sagte, daß er ein Humorist gewesen sei, ein Mann mit makabren Späßen, der die Tücke des Objekts und die Widrigkeiten des Daseins auf die Bühne stellte, und meist mit einer Partnerin, Liesl Karlstadt, auftrat, und daß er das Absurde, das Sinnwidrige in Szenen und auf münchnerisch herbrachte.

»Er war ein Philosoph, der die Gänsehaut reizte. Im Grunde ein unheimlicher Mensch, eine Art Clown, oder vielleicht sollte ich sagen: Ein Charly Chaplin auf bayerisch.«

»Ein ernsthafter Spaßmacher. Das Komische als Widerpart des Tragischen, meinen Sie das?«, fragte sie lebhaft.

Ja, so ähnlich. Um 1939 bis 1940 hat er hier in der Altstadt einen Keller gehabt mit allerlei gruseligen Sachen. In einer Vitrine lag ein Schnittmusterbogen, wie ihn die Hausfrauen damals noch brauchten, wenn sie sich selbst etwas schneiderten. Über Europa hing der Krieg. Was schreibt er unter den Schnittmusterbogen: »Karte des gegenwärtigen Europa.« Schärfer konnte man es nicht ausdrükken.

Wir gingen zum anderen Denkmal. Liesl Karlstadt steht, nur wenig erhöht, über

den Marktfrauen wie eine, die dazugehört, sie schaut etwas verschmitzt-mütterlich über die Köpfe hinweg, gutartig und naiv wie sie war.

Ein paar Meter von ihr entfernt stoßen wir auf die dritte Figur: Klein, gedrungen und ebenfalls in Metall gegossen steht er über einem Brunnen, hat den runden Kopf unter einem flachrunden Hut, verschränkt die Hände wie einer, der sich ein wenig geniert. Man blickt zu ihm hinauf und starrt in die zwei frechen Nasenlöcher.

»Auch ein Humorist?« fragte sie.

»Ja. Das ist der Weiß Ferdl, eine andere unserer Berühmtheiten. Er ist ungezählte Jahre Abend für Abend am Platzl aufgetreten, um die Einheimischen und Fremden mit bayerischem Humor zu füttern. Sein Humor ist typisch für die Stadt. Es ist ein Humor zum Tratzn.«

»Tratzn, was ist das?«

Natürlich, das konnte sie nicht wissen. Tratzn heißt: Jemand aufziehen, jemand foppen, jemand zum Narren halten, jemand hereinlegen. Komisches als Schadenfreude.

»Schadenfreude. Und das ist der bayerische Humor?«

»Mademoiselle, das alles ist nicht leicht zu erklären. Aber der bayerische Humor hat Sinn für Schadenfreude. Das hängt mit dem bayerischen Charakter zusammen. Wenn Sie mit einigen Kennzeichen vorlieb nehmen wollen, die längst Klischees sind: Sie sind stolz, intelligent, klug, schlau, verschwiegen. Sie können warten. Sie sind auf Fremde nicht unbedingt eingeschworen. Aber wenn sie jemand kennenlernen, von dem sie das Gefühl haben, er möchte sie für dumm verkaufen, rühren sie sich. Und suchen nach einer Gelegenheit, ihm die Rechnung zu präsentieren.«

»Finden Sie nicht, Monsieur«, sagte sie vorsichtig, »daß es immer schwierig ist, Humor zu umschreiben. Man müßte eine Probe haben, um ihn zu verstehen, glaube ich.«

Sie hatte recht. Ich erzählte ihr, wie man seinerzeit im Dritten Reich alle möglichen Witze, die auf Kosten der Machthaber gemacht wurden, dem Weiß Ferdl in die Schuhe schob. Das begann mit dem Kehrreim:

»Der Weiß Ferdl kommt auf die Bühne und sagt ...«

»Was sagt er?« fragte sie.

»Der Weiß Ferdl kommt auf die Bühne, redet vom Wetter und sagt: ›Oh, mei, der Druck von oben und der Schwindel ...‹ «

Und hat damit auch schon sein Gelächter, denn wer wollte, konnte es auf den Föhn beziehen, der das Alibi für alle unsere Mißhelligkeiten ist.

Die bayerische Lage

Als wir zur Peterskirche zurückgingen, forschte sie mich nach dem Bayernstamm aus. Ich gab Auskunft, so gut ich konnte. Als zwei an der Geschichte Interessierte einigten wir uns darauf, daß das Klima und die Lage den Charakter der Völker wie den der einzelnen prägen. Die Bayern schauen, wenn sie nach Süden blicken, auf die Alpen und ins jenseitige Italien, wo sie die Sonne jahreinjahraus am Himmel glauben. Sie haben Fernweh nach dem Süden. Deshalb hat einer ihrer großen Könige den Süden nach München geholt, aber das wird sich zeigen, wenn wir in der Ludwigstraße sind.

Die andere Hauptrichtung wird durch die Donau bestimmt, die nach Osten fließt.

»Jedenfalls sind die Bayern ein Volk, das auf seine Eigenart bedacht ist«, sagte ich. Und dabei wollen sie bleiben. Das ist nicht Starrsinn, sondern Instinkt.

Ich sagte dann, ich wüßte jemand, der das besser ausgedrückt habe als ich es vermöchte, holte einen Text aus der Tasche, setzte hinzu, er sei von meinem Chef, der auf die bayerische Eigenständigkeit achtet wie der Teufel auf die arme Seele. Ob sie ihn lesen wolle? Sie wollte. Und las:

»Kiel, Hamburg, Hannover, Bremen, Düsseldorf, Wiesbaden, Mainz, Stuttgart, München: das sind die Hauptstädte der Länder, die zusammen die Bundesrepublik ausmachen. In welcher Sie auch immer des Morgens aufwachen: Ihr Rasierwasser wird den Weg nach Norden nehmen und schließlich in aller Selbstverständlichkeit in ein vergleichsweise deutsches Meer fließen. Mit einer Ausnahme: das Münchner Wasser endet undeutsch. Es eilt zur Donau, es wird österreichisch, ja, schlimmer noch: es gehört alsbald zum Balkan. Das Münchner Wasser, meine Damen und Herren, ist gewissermaßen separatistisch, wie auch gelegentlich die Münchner Luft. Es nimmt seinen Lauf getrennt von anderen deutschen Strömen und Strömungen, es verfolgt seine eigene Bahn, es durchquert sieben oder acht europäische Staaten und verliert sich zuguterletzt dreitausend Kilometer von den deutschen Küsten entfernt im Schwarzen Meer. Man muß das wissen. Man muß wissen, daß Bayern mit fast dreiviertel seiner Fläche am Stromgebiet der Donau teilhat und daß die europäische Wasserscheide es von den übrigen deutschen Ländern auf eine zwar kaum bemerkbare, doch geheimnisvolle Weise trennt. Nur der Main klammert Bayern an die deutschen Flußgebiete, aber auch er fließt nicht nordwärts, sondern findet nach Westen.«

Sie nickte und lächelte:

»Zuerst dachte ich, hier schreibt ein Geograph, aber jetzt glaube ich, daß der Herr, den Sie Ihren Chef nennen, ein Psychologe der Landkarte ist. Das muß einem einfallen können, wenn man sich über das Land beugt, dem man gehört.«

Sie machte sich eine Notiz.

»Für Ihre Reportage, Mademoiselle?«

»Natürlich. Ich will kein Geheimnis daraus machen, daß ich mir den Satz notiert habe: Besondere Bayern denken in Flüssen und Himmelsrichtungen, in denen der Norden nicht vorkommt.«

Ich schwieg, um zu überlegen, ob das richtig sei, aber sie ließ mir keine Zeit, sondern sagte munter:

»Sie hatten mir eigentlich von München erzählen wollen. Wir waren an der Stelle gewesen, wo Sie sagten, daß aus ›munichen‹ MÜNCHEN geworden sei.«

Also nahm ich den Faden wieder auf.

Die Löwenstadt

»Ich hatte gesagt«, sagte ich, »daß die Ansiedlung jener Mönche ohne Isarbrücke war. Das ging so bis zum Herbst 1156. In jenem Herbst kam Heinrich der Löwe, Herzog von Bayern und damit Herr des Landes, mit anderen Reitern auf dem rechten höhergelegenen Isarufer in die von hier aus eine Fußstunde entfernte Siedlung Föhring. Dort war die Isarbrücke. Sie lag auf dem Territorium des Bischofs Otto von Freising. Über diese Brücke ging vor allem der Salzhandel aus dem Osten, aus Hallein und Salzburg. Es war eine wichtige Brücke. Denn der Bischof belegte jede Salzfuhre mit einem Zoll, und das war bestimmt nicht wenig. Salz ist ein lebenswichtiger Stoff. Der Mensch braucht ihn, um existieren zu können. Salz war damals eine noch größere Kostbarkeit als heute, da es von weither geholt und nur unter Risiken herbeigeschafft werden konnte. Der Kirchenfürst scheint ein kluger Stratege gewesen zu sein. Er beherrschte mit seiner Brücke den Salzhandel und dirigierte ihn auf sein eigenes Gebiet.

Otto von Freising muß ein bemerkenswerter Mann gewesen sein. Er hatte in Paris bei dem berühmten Lehrer Abaälard studiert, der beinahe ein Ketzer im Habit des Geistlichen war. Abaälard ist verfolgt, geschmäht und gedemütigt worden, starb aber 1142 friedlich, blieb also von der Rache der Inquisition verschont. Vor dem Panorama jenes 12. Jahrhunderts ist München, das kaum mehr als ein Weiler um eine kleine Kirche herum gewesen sein kann, ins Dasein getreten, ganz unschuldig und kaum durch die Revolten aufbegehrender Theologen betroffen, die damals namentlich durch Frankreich geisterten. München lag im Winkel Europas. Das wird einem deutlich, wenn man sich mit Abaälard beschäftigt, der einer der großen und ersten Aufklärer des katholischen Mittelalters gewesen ist. Zwischen ihm und einer Dame Heloise gibt es eine tragische Liebesgeschichte, die in den Bibliotheken verschimmelt, weil sich kaum jemand mehr damit befaßt.

Mit Abaälard meldet sich in Europa wieder einmal der Zweifel zum Wort, der eine der Tugenden des Denkens ist und der seit dem 18. Jahrhundert, als die Aufklärung über Europa heraufzog, nicht mehr hat verscheucht werden können. Ein Satz wie dieser wird Ihnen vielleicht modern vorkommen. Ein Satz von Abaälard: ›Der Glaube sollte in der menschlichen Vernunft gegründet sein und umgekehrt‹.«

»Das Mittelalter und die Vernunft«, sagte sie etwas spöttisch. »Was hat das mit München zu tun?«

Ich wies nochmals behutsam darauf hin, daß Bischof Otto von Freising, dem die Isarbrücke bei Föhring gehörte und der den Handel kontrollierte, bei dem Aufklärer Abaälard studiert habe, und ich hoffte, daß diese Tatsache auf das alte Bayern ein angenehmes Licht werfe. Sie schluckte.

Ich fuhr fort: Als Herzog Heinrich der Löwe von Bayern in jenem September 1156 die Salztransporte über die Brücke bei Föhring rollen sah, stachelte das seinen Herrscherstolz auf und er gab seinen Leuten den Befehl, den Übergang zu zerstören. Sein zweiter Befehl lautete, eine neue Brücke schlagen zu lassen, und zwar: »bei den munichen«.

Diese Vorspiele entscheiden über die Geburt der neuen Stadt, die den Namen München trägt.

Der Herzog und der Bischof, Verwandte des damaligen berühmten Kaisers Friedrich Barbarossa – an dem das deutsche Volk so sehr hing, daß es ihn nach seinem Tod in dem Berg Kyffhäuser weiterhin am Leben glaubte – brachten ihren Streit vor eben diesen Kaiser, Barbarossa erledigte den Zwist auf dem Reichstag zu Augsburg. Es war am 14. Juni 1158. Und der Beschluß erging: Bischof Otto von Freising verzichtet darauf, Markt und Brücke von Föhring wiederherzustellen. Die neue Brücke bei den munichen bleibt bestehen, aber Heinrich der Löwe wird dem Bischof ein Drittel der Einnahmen aushändigen, die er aus dem Markt- und Brückenzoll bei den munichen gewinnt. Der 14. Juni 1158 ist der Tag, an dem München ins Leben tritt. Ein Herzog schuf vollendete Tatsachen und ein Kaiser des Heiligen Römischen Reiches Deutscher Nation gab seinen Segen dazu.

»Das sind ziemlich absonderliche Umstände, um eine Stadt zu gründen«, sagte sie, »aber es ist schön, den Tag zu kennen, an dem die Stadt geboren wurde. Das dürfte selten sein. Weiß man, wieviel Einwohner München hatte?«

Ich holte den Stadtplan hervor (wir standen noch immer auf der Plattform oberhalb des Viktualienmarkts), deutete nach links und nach rechts, wo die erste östliche Stadtmauer gewesen war, wies auf das Alte Rathaus zur Linken, drehte mich um, beschrieb einen imaginären Kreis nach Westen und sagte: »Um die erste Stadt Heinrich des Löwen, deren Mauern längst verschwunden sind, zu durchschreiten, braucht man vielleicht 5 Minuten. Ich habe es neulich einmal ›nachgemessen‹ «.

»Was, so klein am Anfang?«

»Was denken Sie, die Stadt ist zuerst winzig gewesen, sie umfaßte das Gebiet zwischen der heutigen Sparkassenstraße, der Schäfflerstraße, dem Färbergraben, dem Rosental. Sie hatte 5 Tore. Und ein paar tausend Einwohner. Noch 210 Jahre nach ihrer Gründung, anno 1369, gab es hier erst 10 000 Seelen. Damals hatte Venedig, die ›Königin der Meere‹ bereits 135 000 Einwohner, hundert Jahre später hatte es 190 000 Einwohner. Entschuldigen Sie, daß ich von Venedig spreche, aber das war ein Fernhandelsmarkt für München.«

Föhn

Es war inzwischen schwül geworden. Der Himmel leuchtete mit einem nackten Stahlblau, ein warmer Wind hatte sich erhoben, Staub wirbelte umher, eine hitzige Stimmung breitete sich aus, die Autos, noch aufgeregter als sonst, fuhren, als hätten sie einen Weltuntergang anzukündigen, der Viktualienmarkt hetzte her und hin.

»Es scheint wieder ein Gewitter zu kommen«, sagte sie etwas hilflos.

»Ich glaube, es ist der Föhn«, erwiderte ich.

»Der Föhn?«

Es gab also noch etwas, was sie nicht kannte und wozu ihr nichts einfiel:

»Der Föhn ist ein Besucher aus Italien. Von Italien kommt ja hier keiner los. Der Föhn ist ein Wind, der jenseits der Alpen über der italienischen Tiefebene mit Wärme aufgeladen wird, über die Berge herübertreibt, und, wenn er diesseits in ein Tief gerät, eine turbulente Stimmung hervorruft. Wir Bayern haben also auch noch ein Spezialklima. Denn wenn der Föhn kommt, stimmt die Wetterkarte für Bayern selten. Er durchkreuzt alle Voraussagen.

Er hat etwas Tückisches. Auf einige wirkt er jedoch als Auftrieb, die meisten drückt er aber hinunter. Er ist unser großes Münchner Alibi. Wenn einer hier Kopfschmerzen aus blauem Himmel bekommt oder einer mit seinem Auto auf seinen Vordermann so nahe drauffährt, daß er ihn fast rammt, oder wenn einer plötzlich anfängt, gereizt zu werden, schaut jeder zunächst zum Himmel, prüft die Stimmung und stöhnt, wenn er ein stahliges und doch warmes Blau entdeckt: Wir haben Föhn.«

Ich fügte hinzu, daß bei Föhn alle Entfernungen zusammenschrumpfen, daß die Nähe heranrückt, und daß das Gebirge, sonst 100 Kilometer von uns im Süden vorüberziehend, sich an solchen Tagen vor der Stadt zum Greifen nahe aufbaut, daß das ein herrlicher Anblick sei, und daß wir auf den Alten Peter hinaufsteigen könnten, die ganze Alpenkette würde ihr gehören.

Sie antwortete mit einer Frage:

»Sagten Sie Kopfschmerzen?«

»Ja.«

Etwas müde, meinte sie:

»Monsieur, ich glaube, ich habe Föhn. Vielleicht bin ich schon eine halbe Münchnerin.«

Wir stiegen nicht auf den Turm, sondern machten uns zum Mittagessen auf. Am Marienplatz warf sie einen Blick auf die vor lauter Sandsteinspitzen vibrierende Fassade der Rathausburg, tastete die falsche Front und den in Filigran auslaufenden falsch-gotischen Turm ab und sagte:

»Wenn mich nicht alles täuscht, ist das neunzehntes Jahrhundert. Das wirkt auf mich wie eine Barock-Gotik, das wimmelt ja nur so herum. Es ist alles so verwirrend und flirrend. Zuviel, viel zuviel.«

»Die Leute mögen es«, sagte ich diplomatisch. »Da oben ist jeden Mittag ein Glockenspiel mit einem Turnier auf Rössern, das den Touristen die Hälse lang zieht. Das sind die Attraktionen, die der Reisende liebt.«

Damit stiegen wir zum Ratskeller hinab.

Die Oase

Nach anderthalb Stunden sagte sie, sie fühle sich besser. Ich schleppte sie in den Föhn zurück, der noch immer stahligblau über der Stadt vibrierte. Der Rathausfassade widmete sie keinen Blick

mehr, aber durch die Mariensäule ließ sie sich fesseln. Wir gingen nach Westen durch die Kaufinger- und Neuhauserstraße. Mein Ziel war, 400 bis 600 Schritte entfernt, das Karlstor.
Plötzlich blieb sie stehen und sagte: »Seit ein paar Minuten spüre ich, daß etwas gegen mich arbeitet. Ich vermisse etwas. Kein Auto. Nur dieses Gemurmel und klappernde Absätze.«
Sie schaute um sich. Ich sagte: »Das ist die Innenstadt als Oase. Der Stadtrat nennt es ›Fußgängerzone‹, aber das klingt etwas dürftig, es ist viel mehr. Wir befinden uns hier auf dem uralten Boden der Verbindungsstraße zwischen dem Marienplatz und dem Karlstor, aber die Straße ist verschwunden, die Trottoirs sind verschwunden, die Fahrrinnen der Straßenbahn sind verschwunden und endlich auch die Autos. Jetzt sieht es hier so aus wie es vor Jahrhunderten ausgesehen haben mag.«
Sie blickte mich zweifelnd an und fragte, ob ich wirklich davon überzeugt sei, daß es jetzt so sei wie früher.
»Nein, nicht ganz. Aber die Aufrisse der Fassaden, sogar der Warenhäuser haben etwas Mittelalterliches. Und das Ganze sieht jetzt aus wie ein riesiger Markt, oder, wenn Sie so wollen, wie ein Innenhof, der, schön mit Platten belegt, auf dem Weg zum Karlstor einmal geknickt wird, so daß es zwei ineinander übergehende Höfe sind. Das ganze Gebiet gehört dem Fußgänger und den Obstständen und den Tischchen und Stühlchen, die die Gasthäuser und Cafés aufgestellt haben.«
Als die erste Seitenstraße rechts abbog, warf sie einen Blick auf die gewaltig aufragenden schweren Türme der Frauenkirche, eintreten wollte sie jetzt aber nicht.
»Das ist Münchner Gotik. Die Kirche ist 1477 fertig geworden, ihre beiden wuchtigen Türme kennt die ganze Welt. Von den acht Jahrhunderten, die ich Ihnen versprochen habe, haben wir seit der Peterskirche bereits dreihundert zurückgelegt. Wenn wir schnell hätten gehen können, hätten Sie alle Jahrhunderte in zwölf Minuten geschafft.«
»Geschafft«, murmelte sie ungehalten und sagte: »Welch ein Rekord!«
Kurz darauf an den zwei Bäumen angekommen, die sie kürzlich auf der Höhe der Michaelskirche angepflanzt haben, sagte ich: »St. Michael, sechzehntes Jahrhundert. Eine der schönsten Renaissancekirchen nördlich der Alpen.«
»Bitte«, erwiderte sie föhnig-gereizt, »sagen Sie jetzt nicht schon wieder, daß wir ein neues Säkulum hinter uns gebracht haben, ich bin doch nicht sensationssüchtig und sammle keine Epochen!«
»Der Föhn hat Sie ganz schön derwischt, meine Liebe«, erwiderte ich boshaft. Ich war ihr eine solche Bemerkung schuldig, damit sie über unsere fünfte Jahreszeit ins Bild gesetzt war.

Bei Petra

An der Bayerischen Akademie angelangt, die sich mit ihrer einen Fassade plötzlich quer in den Weg stellt, weshalb die Oase einen Sprung nach links vollführt, wollte ich ihr dies und das erklären, aber sie antwortete nur stumm nickend. Was sie brauche, sei ein Espresso. Ich sagte ihr, daß wir ja gleich das Karlstor erreicht hätten und dann ins Freie kämen, sie hätten die Mauern dort im Jahre 1791 abgerissen und die Stadt im unbebauten Gelände erweitert, aber sie hörte nicht mehr zu.
Sie tat mir leid. Unvermutet hörte ich eine weibliche Stimme meinen Namen rufen. Ich erkannte sie sofort, in München gibt es diese Stimme nur einmal, nur einmal dieses Bayerisch-Hochdeutsch mit dieser winzigen Prise Thüringisch. Ich drehte mich um. In der Tat: Petra Moll. Und adrett wie stets: Im Dirndlkleid. Da wir uns, wann auch immer, um den Hals zu fallen pflegen, umarmten wir uns, Mademoiselle sah gespannt zu. Ich machte die Damen miteinander bekannt, weihte Petra kurz ein, deutete auf den Föhnhimmel, was sie sofort verstand, indem sie uns in ihr Atelier einlud.
Mademoiselle erwachte zu neuem Leben. Sie liebe solche unvermuteten Begegnungen, sagte sie. Ich erklärte ihr, daß Petra und ich ein Buch über München vorhätten, wir könnten uns ja gleich davon überzeugen, wieviel Stadtansichten die Künstlerin schon gemalt habe. Wir gingen durch das Karlstor, bogen rechterhand in den Eingang zu einem Innenhof, öffneten eine Türe, gerieten in einen schmalen Gang unter offenem Himmel, stiegen in den zweiten Stock und waren in zwei Zimmern. Das hintere, mit den Fenstern auf der Ostseite, ist das Atelier. Petra machte sehr starken Kaffee. Mademoiselle France und ich schauten uns die auf der Staffelei und an der Wand stehenden Bilder an.
»Ah, naive Poesie«, meinte sie: »Ein himmlisches Blau, ein unbeirrbares Rot, ein deutliches Grün und ein stilles Grau. Es ist alles so übersichtlich. Meinen Sie, es sind Idyllen?«
»Nein«, erwiderte ich. »Das Idyll ist verspielt. Petra Moll spielt nicht, sondern filtert. Sie stellt dar, indem sie wegläßt. Wenn Sie genau hinsehen, werden Sie merken, daß nichts bei ihr einen Schatten wirft. Mit der Perspektive geht sie sparsam um, alles liegt in der Fläche. Ihre Welt sieht aus, als ob sie im Paradies läge.«
»Es ist eine ungemein beruhigende Kunst«, sagte sie, wobei sie wieder einmal lächelte. Als wir uns zum Kaffee niederließen, beobachtete ich, wie ihre Au-

ERTELMEIER'S KUTTLEREI
Petra Moll

gen unaufhörlich zwischen Petra und deren Bildern hin- und hergingen. Dann sagte sie:
»Madame, ich glaube, daß Sie eine große Naive sind, verzeihen Sie bitte.«
Mit ihrer schönsten Singsangstimme erwiderte Petra:
»Mein Kind, ich danke Ihnen, das ist ein schönes Kompliment für mich. Ich male die Welt so, wie ich sie sehe, und ich sehe sie unkomplizierter als die meisten. Das halten diejenigen, die sich raffiniert dünken, eben für naiv.«
Ich konnte mich nicht enthalten, zu widersprechen: »Entschuldigung, Petra, ganz so ist es ja nicht. Du bist auf ungewöhnlich raffinierte Weise naiv, weil du weißt, daß du naiv bist. Es zu wissen, daß man es ist, und es trotzdem zu sein, das ist schon höhere Kunst ...«
In diesem Augenblick klingelte das Telefon, Petra sprang auf, sagte ein paar Mal ja, ja, legte auf und erklärte, sie müsse wegen einer Ausstellung in die Stadt, wir sollten bleiben, bis sie zurückkäme.
Als sie gegangen war, sagte Mademoiselle France:
»Diese Bilder verwundern mich. Sie sind so schlicht. In meiner Kindheit habe ich die Welt auch so gesehen.«
Ich suchte derweil nach einem ganz bestimmten Typus, drehte sämtliche mit dem Gesicht zur Wand stehenden Gemälde um, bis ich es endlich gefunden hatte, schleppte sie zur Staffelei und begann, sie aufzustellen.

Der singende Schnee

Es waren drei Schneebilder, genauer: drei Städteansichten im Winter.
»Sehr schön«, sagte sie, »das ist der Winter, wie er im Buche steht. Trotzdem hat man nicht den Eindruck, als wären es Märchenbilder.«
»Das finde ich auch«, sagte ich. »Es gibt einen Satz des Dichters Jean Paul, den man vielleicht als Schlüsselwort verwenden könnte. Der Satz stammt aus dem Jahre 1812. Er lautet:
›Die Erinnerung ist das einzige Paradies, aus welchem wir nicht getrieben werden können!‹ «
»Das ist gut, das paßt zu diesen Bildern, es sind Zeichen aus einer untergegangenen Welt, aus unserer Kindheit, will ich sagen. Vielleicht wirken sie deshalb so stark.«
»Ja, das ist der Schnee unserer frühen Jahre, der Schnee aus einer Zeit, als der Schnee unser Spielgefährte war und nicht das städtische Verkehrshindernis, das er jetzt ist.«
»O Monsieur, ich habe nur den Winter in Paris kennengelernt, am ersten Morgen, wenn er niedergegangen ist, ist er Poesie, dann wird er unter den Rädern zermahlen. Diese Schneebilder sind wie

Petra Moll

Augenblicke, die aus der Erinnerung aufblitzen. Und deshalb ist er hier so kindlich.«
»Ja«, sagte ich, »es ist ein Schnee mit kindlicher Stimme. Vielleicht könnte man sagen: Es ist singender Schnee.«
Sie lächelte etwas spöttisch und sagte: »Und Sie haben sich beinahe darüber aufgeregt, als ich davon sprach, Gefühle seien poetisch ...«
»Vielleicht ist es so: Gefühle sind sentimental?«
Als das Telefon ging, und ich mich als Gast im Hause Moll meldete, war es Petra. Sie fragte, ob der Föhn vorbei sei und wie wir uns die Zeit totschlügen. »Vom Totschlagen kann nicht die Rede sein, wir sind dabei, eine Entdeckung zu machen, die hoffentlich mit dir zusammen in die naive Kunstgeschichte eingehen wird.«
Sie lachte ihr großes Lachen und wollte wissen, was das bedeute. Ich versprach, sie einzuweihen, sobald sie zurück wäre.
In einem ihrer Schränke fand sich ein »Schwabinger Enzian«, den wir in dem Bewußtsein zu uns nahmen, sie habe ihn für uns aufgehoben, und waren, als sie kam, guter Dinge. Ich hatte Mademoiselle berichtet, wie Petra und ich uns kennengelernt hatten. Es war im Hause unseres gemeinsamen Freundes Ernst Hoferichter gewesen, einem der letzten alteingesessenen Münchner Schriftsteller, der der Stadt einige sehr schöne Bücher geschrieben hatte. Und daß sie mich Wochen danach anrief um zu fragen, ob ich nicht Lust hätte, eine Ausstellung ihrer Bilder im Alten Botanischen Garten mit einer kleinen Rede einzuleiten. Damals vertiefte ich mich in ihre Bilder. Das Naive daran machte mich zuerst stutzig, nicht wegen der Naivität, sondern weil es mir ein Zeichen zu sein schien. Ein Gefühl sagt mir seit längerem, daß mit einer neuen Romantik zu rechnen sei. Als ich Petras Bilder sah, dachte ich: Die neue Romantik wird von der naiven Malerei herkommen.
Als Petra ins Atelier trat, machten wir ihr ein großes Hallo. Mademoiselle fragte, ob ich für die Reporterin aus Paris nicht eine kleine Petra-Moll-Rede halten möchte. Petra, für jede Gaudi stets dankbar, stimmte zu. Ich fügte mich:
»Meine Damen. Petra Moll gehört zu den Künstlerinnen, die die Courage haben, uns zu unserer eigenen Naivität Mut zu machen. Indem sie malt, läßt sie weg. Sie läßt alles weg, was man vom Leben weiß. Sie rührt an unser verschüttetes Leben, ruft es wach, und weckt unsere frühe Sehnsucht. Sehnsucht ist, wenn Sie gestatten, das Verlangen nach dem, was wir hatten oder nach dem, was wir möchten. Und das ist schön.«
Beifall. Petra Moll stellte eine zweite Flasche auf den Tisch, die Gaudi dauerte bis tief in die Dunkelheit hinein. Gegen zehn Uhr schlug mir das Gewissen, da sich der Fremdenführer in mir nicht mehr rührte; ich fragte daher vorsichtshalber

bei der Pariserin an, ob sie nicht das Gefühl habe, noch etwas von der Stadt sehen zu müssen.
Sie lachte schallend und ließ sich in ihrem Bericht über Paris, der sehr witzig und ironisch war, nicht unterbrechen.
In der Nacht besorgte ich ihr ein Taxi, nannte dem Fahrer ihr Hotel und versprach, sie anderntags um zehn Uhr abzuholen. Hierauf verabschiedete ich mich von Petra. »Meinst du nicht, daß ich sie hätte in die Oper führen sollen?«
Petra war strikt dagegen: »Es ist nicht der Bilder wegen, daß ich das sage, aber sie hat doch hier ein spontanes Ateliertheater erlebt, und das ist doch schöner als Oper.«
Das beruhigte mich.

Ludwig I.

Die Ludwigstraße stürmt vom Siegestor mit ihren langen Fassaden und stoßenden Autoschlangen auf uns zu. Wir stehen am Odeonsplatz vor dem Reiterdenkmal aus Erz.

»Hier ist einer der Könige, nach denen Sie mich gleich bei Ihrer Ankunft fragten, ich war ganz schön verwirrt«, sagte ich.

Sie schenkt mir ein treuherziges Lächeln, nimmt das Monument in Augenschein und liest –

LUDWIG I.
KÖNIG
VON BAYERN

– reckt den Hals hinauf zu dem Pagen links auf dem Sockel, liest –

GERECHT

– blickt auf den Pagen rechts und liest auf dessen Tafel –

BEHARRLICH

– dreht sich nach mir um und sagt:

»Da fehlt doch noch etwas. Hat denn ein König nicht stets drei Tugenden?«

Das verblüfft mich so sehr, daß mir nichts einfällt. Ich sinniere vor mich hin.

»Drei Tugenden, sagte ich, Monsieur ...«

»Nun ja«, erwidere ich etwas lahm, »Sie haben es mit bayerischen Königen zu tun.«

»Na und?«, fragt sie herausfordernd.

»Manchesmal kann das, was einem fehlt, eine Tugend sein«, erkläre ich orakelhaft.

»Oh, Monsieur«, ruft sie geschmerzt, »in welchen Rätseln Sie sprechen. Sie machen sich über mich lustig.«

»Nicht im geringsten«, versichere ich, hebe mir die Antwort auf und führe sie zur Rückseite des Denkmals. Sie liest –

ERRICHTET
AUS
DANKBARKEIT
VON DER STADT
MÜNCHEN
AM XXV. AUGUST
MDCCCLXII

»Man hat leider immer Schwierigkeiten mit diesen römischen Ziffern, oder finden Sie nicht?«, sagt sie. Wir übersetzen uns die Formel MD CCC L XII als die Jahreszahl 1862.

»Also am 25. August 1862.«
»Ja. Es war sein 76. Geburtstag. An diesem Tag enthüllten sie ihm dieses Denkmal. Dabei ist er eigentlich kein Reiter gewesen. Er hat an der Einweihung nicht teilgenommen. Denn zwischen der Stadt und ihm gab es Schatten. Es hatte sich da einmal eine Affäre mit einer sogenannten spanischen Tänzerin abgespielt, die vermutlich aus Schottland stammte. Aus der Affäre wurde ein Staatsskandal. Er stürzte darüber. Es war am 20. März 1848.«
»Im Frühjahr der europäischen Revolution?«
»Im Frühling der Revolution. An seinen 76. Geburtstag hat er bereits zwanzig Jahre lang das Leben eines königlichen Privatmannes geführt. Und das ist er bis zu seinem Tod im Jahre 1868 geblieben. Er starb mit zweiundachtzig.«
»Eine Tänzerin hat ihn gestürzt?«, sagte sie verwundert.
»Ja. Er war ein großer Liebhaber. Er hat die Frauen geliebt und die Stadt. Ihm verdankt man das neue München, das um 1800 aus seinen mittelalterlichen Mauern heraustritt und auf neuem Gelände neuartig aufblüht. Das geht so bis 1850. Und obwohl die Stadt 1848 über ihn entsetzt war, weil er von jener Tänzerin nicht loskam, hat sie ihm ihre Zuneigung bewahrt. Und wenn hier steht: AUS DANKBARKEIT, dann ist das keine der üblichen Denkmalsfloskeln, sondern die Wahrheit. Aber die Stadt hat ihm das Leben nicht leicht gemacht, lange, ehe die Tänzerin auftauchte. Als er seine Straße zu bauen begann, lieferten ihm die Münchner ein Drama.«
»Eine Affäre mit einer Tänzerin, sagten Sie?« Es klang ganz beiläufig. Ich konnte mich nicht enthalten, sie anzulächeln: »Aber nicht so, wie Sie vielleicht meinen, wenn Sie an die Könige von Frankreich und deren Maitressen denken. Dort war die Maitresse eine Staatsinstitution.
Hier handelt es sich um eine Liebesaffäre. Ludwig I. war ein romantischer Liebhaber der Liebe.«
»Der Liebe?«, versetzte sie spöttisch. »Ich dachte: Der Künste.«
»Auch der Künste«, erwiderte ich geduldig. »Aber wie Sie vielleicht schon gehört haben, ist die höchste und schwierigste aller Künste die der Liebe.« Ich versuchte es so liebenswürdig wie möglich zu sagen.
»Ich fürchte, in Ihnen steckt ein Zyniker, Monsieur«, sagte sie fast beleidigt. Ich hielt es für geraten, das Geplänkel zu beenden und sagte:
»Ich bin Ihnen noch eine Antwort schuldig. Als ich vorhin sagte, manchesmal könne das, was einem fehlt, eine Tugend sein, meinten Sie, ich redete in Rätseln. Was den bayerischen Königen, insbesondere Ludwig I. und Ludwig II. gefehlt hat, war der Wille zur Macht. Zur politischen Macht. Zwar hatten sie ein ausgeprägtes Gefühl für die Würde des Königtums, aber was ihnen abging, war der Sinn für die Macht des Politischen.

Stellen Sie sich vor: Ein Monarch, nicht von der Idee der Macht besessen, übt sein Amt aus, als ob er ein Privatmann wäre, der ein fürstlicher Mäzen ist. Und das ist das Besondere an den bayerischen Königen.
Ludwig I. hat seine Leidenschaft auf die Baukunst geworfen, indem er damit begann, nach antiken Urbildern eine Weltstadt zu entwerfen — München. Und sein Enkel, Ludwig II., hat sich auf den von seinen Gläubigern gejagten Richard Wagner gestürzt, um ihn besessen zu fördern, damit dieser imstande wäre, seine gewaltigen und gewalttätigen Opern zu schreiben oder aufzuführen.«
Wir ließen uns an der Rückseite des Denkmals nieder, wo ein Rasenplätzchen mit Blumen und ein paar Bäumen gegen den versteinerten Raum ankämpft. Sie machte sich Notizen. Derweil hörte ich auf den Spektakel, den die Autos hinter uns aufführten, und starrte in den Himmel, der vom Westen her die ersten blauen Felder schickte, die von Wolkenbergen in Täler verwandelt wurden.
Ich deutete auf das Palais schräg rechts vor uns: »Das ist eines der ersten Gebäude, die Ludwig I. hier errichten ließ. Es gehörte dem Herzog von Leuchtenberg. Jetzt sitzt das Bayerische Staats-Ministerium der Finanzen darin.«
Sie warf einen Blick hinüber und sagte:
»Sind Sie wirklich davon überzeugt, daß der Mangel an Wille zur Macht eine bayerische Königstugend ist?«
»Ja. Aber ich möchte wiederholen: Sie hatten keinen Sinn für die politische Macht, die ein König ja besitzt. Aber Macht ist mehr. Macht ist das Vermögen, etwas zu bewirken, etwas zu leisten. Ludwig I. hatte die Macht, über die ein Bauherr verfügt. Er und Ludwig II. hatten ein höchst erregbares Gefühl für die Macht der Kunst. Die italienische Renaissance hat dieses Gefühl über ganz Europa hin wirken lassen. Die hinter uns vorbeitosende Ludwigstraße verdankt ihren Ursprung dem Willen eines Fürsten, eine sandige Landschaft — bis 1817 waren hier nur Felder und Gebüsch — in eine machtvolle Architektur zu verwandeln, damit München aus seinem Mittelalter herauskommen und in die Neuzeit hineingehen konnte.«
Es war an der Zeit, sie mit der bayerischen Königsliste vertraut zu machen:

1786 Am 25. August wird dem Herzog Maximilian Joseph von Zweibrükken, Rheinpfalz, einem Wittelsbacher, der erste Sohn geboren. Er erhält den Namen Ludwig. Die Welt wird ihn als König Ludwig I. kennenlernen.

1799 Im Februar stirbt der Kurfürst Karl Theodor von Bayern. Maximilian Joseph wird sein Nachfolger, die Familie zieht nach München. In dieser Zeit steht Europa bereits im Zeichen Napoleons. Napoleon, der auszieht, um sich den Kontinent zu unterwerfen, erhebt einige

deutsche Kurfürstentümer, weil das seinen Plänen nützen könnte, in den Rang von Königreichen. So auch Bayern:

1806 Am 1. Januar verkünden Herolde auf den Plätzen der Stadt München: Kurfürst Maximilian Joseph ist König von Bayern! Bayern ein Königreich! Ludwig, 20 Jahre alt, avanciert zum Kronprinzen von Bayern.

1825 stirbt König Maximilian Joseph. Ludwig wird König von Bayern. Er bleibt es bis zum 20. März 1848.

Ludwig II.

1848 Auf Ludwig I. folgt dessen Sohn Maximilian als König.

1864 stirbt Maximilian II. Dessen ältester Sohn Ludwig besteigt als König Ludwig II. den Thron. Er regiert bis 1886.

1864 — 1886: Ludwig II. ist der König, der das genialische Talent Richard Wagners entdeckt, mit Leidenschaft fördert, unter dem zwiespältigen und undurchsichtigen Charakter des Musikers zu leiden beginnt und sich 1865 innerlich von der Person des Komponisten, jedoch nicht von dessen Werk trennt.

»Der Märchenprinz«, wie sie ihn nennen, solange er Kronprinz war — schön, edel, vornehm und von Melancholie umwittert — ist 13 Jahre alt (1845 geboren), als ihn das Urerlebnis trifft: Er hört 1858 in München zum erstenmal eine Oper von Wagner, den »Lohengrin«. Von der Musik getroffen wie durch den Blitzstrahl eines Gottes, läßt Ludwig II., kaum daß er König ist, den vor seinen Gläubigern fliehenden Wagner schließlich in Stuttgart aufspüren und nach München holen. Er stellt dem fast Gescheiterten in der Briennerstraße ein Haus zur Verfügung, das Wagner dank der Zuwendungen seines königlichen Gönners mit einem solchen Luxus ausstatten läßt, daß die Münchner, mit seinem bisherigen Lebenslauf vertraut, zu murren beginnen.

Mit Ludwig II. tritt München in das Zeitalter Richard Wagners. Der König vergöttert dessen Musik:

1864 »Der fliegende Holländer« in München uraufgeführt

1868 »Die Meistersinger« in München uraufgeführt

1869 »Das Rheingold« in München uraufgeführt

1870 »Die Walküre« in München uraufgeführt

1878 »Siegfried« und »Götterdämmerung« in München uraufgeführt.

1884 Der »Parsifal« in München erstaufgeführt.

Die 22 Jahre der Königszeit Ludwigs II. bedeuten für die Architekturgeschichte Münchens nichts. Als Bauherr tritt der Monarch nur im Alpenvorland auf, wo er sich, seiner vielfältigen Natur entsprechend, das quasi mittelalterliche Schloß Neuschwanstein und das quasi Rokoko-Schloß Linderhof sowie ein zweites Versailles-

LOHENGRIN
Petra Moll

Schloß Herrenchiemsee errichten läßt. Alle drei, als »Märchenschlösser« bestaunt, werden Jahr für Jahr von den internationalen Touristenströmen als erstaunliche Zeugnisse königlich-spätromantischer Gesinnung durchflutet.
Ludwig II. ist von seinem »göttlichen« Wagner dermaßen besessen, daß er sich die religiöse Inbrunst, mit der er dessen Musik erfühlt, auch noch nach dem Bruch der Freundschaft bewahrt.
In Bayern nennen sie ihn noch heute den »Märchenkönig«.
Wie sein Großvater König Ludwig I. ist auch er ein tragischer Fall. Beide verzehren sie sich in ihrer ungeheuren Passion für seltsame Freundinnen, Freunde und für die Kunst, auf die sie sich wie auf eine Offenbarung werfen.
Es liegt etwas Rätselhaftes über diesen beiden Königen. Sie scheinen aus einer anderen Welt zu stammen. Sie entziehen sich den Maßstäben, mit denen sonst die Könige gemessen werden. Das gilt noch mehr für Ludwig II., diesen in hohen Träumen um die Musik Wagners kreisenden Einzelgänger, der vereinsamt und verstört und verzweifelt im Geist der Wagnermusik seine Erlösung suchte.
Er ist nicht oft in München. Und wenn er sich in seiner Residenzstadt aufhält, bekommt ihn kaum jemand zu Gesicht. Um Politik kümmert er sich nach 1870 fast nicht mehr. Meistens hält er sich in seinem Schloß Berg am Starnberger See auf oder in Neuschwanstein, geht durch die Wälder oder jagt im Winter mit dem Schlitten durch das nächtliche Land. Seinen Ministern hält er sich fern, er läßt fast nie ein Mitglied des Kabinetts zu sich.
Die Minister entschließen sich zum Handeln. Sie wollen ihn zur Abdankung bewegen und, falls das nicht helfen sollte, ihn dazu
1886 zwingen. Am 10. Juni 1886 erfährt die Bevölkerung als eine Schreckensmeldung die Nachricht »daß der allerdurchlauchtigste großmächtigste König und Herr, Seine Majestät König Ludwig II. an einem schweren Leiden erkrankt sind ...«
Infolgedessen könne er sein Regierungsamt nicht mehr ausüben. Und da sein Bruder, Prinz Otto zu Wittelsbach, ebenfalls von einem Leiden betroffen sei (geistige Umnachtung), könne dieser die Regentschaft nicht übernehmen. Damit trete der von der Verfassung vorgesehene Paragraph in Kraft – und man werde einen Regenten stellen.
Ein aus Angaben der Dienerschaft

Ludwigs II. gewonnenes psychiatrisches Gutachten — untersucht ist er nie worden — gibt dem Kabinett die Legitimation, Ludwig II. von Schloß Neuschwanstein, wo er sich in diesen dramatischen Tagen aufhält, nach Schloß Berg am Starnberger See zu bringen.

Am 12. Juni 1886 trifft die Gruppe mit ihrem königlichen Gefangenen in Schloß Berg ein. Am 13. Juni unternimmt der König mit dem ihn bewachenden Arzt Dr. Gudden am späten Nachmittag einen Spaziergang. Da die beiden nicht zurückkehren, sucht man nach ihnen. Und findet sie tot im Starnberger See.

Das Land ist wie gelähmt, das Entsetzen allgemein. Und noch heute hat man in Bayern die Tragödie, der der Märchenkönig zum Opfer fiel, nicht überwunden.

Zu spät?

Man muß das Schicksal dieser beiden bayerischen Könige, die für die Öffentlichkeit auf eine so rätselhafte Weise scheiterten, vor dem Hintergrund ihrer Zeit betrachten:

Als Bayern 1806 zum Königreich proklamiert wurde, waren die Tage der europäischen Monarchie bereits gezählt. Die Idee des Gottesgnadentums — der König ist Herrscher kraft göttlichen Willens! — war im Erlöschen. Die Französische Revolution, bis 1794 von einer erschreckenden Brutalität, hatte die Idee des von Gott gesandten Alleinherrschers total vernichtet, und an deren Stelle die Idee der Republik gesetzt. Nicht mehr der König, sondern das Volk ist der Souverän! Europa war in seinem Herzen zwar noch monarchisch gestimmt, aber in seinen Köpfen war es bereits republikanisch. Königtum und Republik schließen aber einander aus.

Die bayerischen Könige beginnen ihren Aufstieg in der Abenddämmerung des europäischen Königtums. Zwar leuchtete ihre Krone noch, aber ihr Glanz war nur geborgt, geduldet von dem heranrückenden bürgerlich-demokratisch-republikanischen Zeitalter, das in seiner Morgenröte stand und für das die Könige nur noch die schönen und erhabenen Repräsentanten einer hinter dem Firmament liegenden alten Zeit waren.

Die beiden tragischen Gestalten des bayerischen Königtums müssen das gespürt haben, auch wenn sie das Königliche ihres Amtes darzustellen vermochten. Aber ihr

Gespür sagte ihnen, daß sie sich der Zeit gemäß geben sollten: Der eine, Ludwig I., indem er dem Volk eine neue Königsgestalt zeigte die des bayerischen Bürgerkönigs, der stets ein Edelmann blieb, der andere, Ludwig II., indem er sich wie ein Gralsritter auf seine Schlösser zurückzog und als Entrückter, als Prinz eines fernen Märchens, seine Tage verbrachte.

1886 Nach Ludwigs II. Tod übernimmt Prinzregent Luitpold die Regierungsgeschäfte.

1912 Prinzregent Luitpold stirbt im Alter von 91 Jahren. Die Regentschaft geht auf Prinz Ludwig über.

1913 Prinz Ludwig besteigt als König Ludwig III. den Thron.

1918 In der Nacht vom 7./8. November – der Weltkrieg ist für Deutschland verloren – bricht auch in München die Revolution aus. Bayern wird zur Republik erklärt. Ludwig III. flieht, ohne offiziell auf den Thron verzichtet zu haben. Er stirbt 1921 in Savar, Ungarn, und wird nach München zur letzten Ruhestätte übergeführt.

Sie blickte mich etwas müde an. Meine Königsliste war ohnedies zu Ende. Ich überreichte ihr den Text, sie könne ihn behalten. Sie sagte: »Ich gebe zu, daß die Frage – wo ist der König? – die ich Ihnen am Flughafen stellte, etwas boshaft gemeint war, ich habe Ihnen aber auch erklärt, weshalb ich Sie damit überfiel – weil mir doch ein Bekannter in Paris gesagt hatte, gib acht, die halten sich alle dort für königlich. Ich freue mich aber, daß Sie so ernsthaft geantwortet haben. Das sind Dinge, von denen unsereiner nicht viel weiß. Man weiß ja nicht einmal bei den französischen Königen Bescheid, das ist doch alles vorbei.«

Sie gähnte.

»Wenn Sie erlauben«, sagte ich, »möchte ich noch etwas zu der Bemerkung Ihres Bekannten sagen. Beinahe hätte er es getroffen. Beinahe. Wenn er uns Münchner ›königliche Republikaner‹ genannt hätte, wäre es richtig gewesen.«

Hellwach, funkelt sie mich an:

»Sie sind einer der schlimmsten Dialektiker, die ich je gesehen habe. Sie überschütten mich mit Widersprüchen und zwingen mich fortwährend, vor Ihren Sprüchen auf der Hut zu sein. Sie haben doch selbst gesagt, Monarchie und Republik schließen sich aus.«

Ihr Zorn machte sie noch hübscher, ich lachte in mich hinein und sagte: »Verzeihen Sie – königlich ist nicht dasselbe wie monarchisch. Königlich ist eine Sache des Stils. Stile sind geregelte Gefühlsäußerungen. Wir Münchner sind königliche Republikaner, weil unsere Stadt ein Geschenk von Königen ist. Wir denken republikanisch und fühlen uns königlich.«

»Ein seltsames Volk«, murmelte sie, »da soll sich einer auskennen.«

Der Fall Lola Montez

Wir überquerten die tobende Ludwigstraße, tauchten im Schatten des Hofgartens unter, setzten uns bei den Bäumen zum Mittagessen nieder, ließen Könige samt Stadt links liegen und unterhielten uns über Gott und die Welt, aber da sie immer wieder auf jene Lola Montez zurückkam, ganz nebenher, spitzte sich das Gespräch zu, so daß ich fragte:

»Was interessiert Sie eigentlich an dieser Abenteurerin?«

»Das kann ich Ihnen sagen: Wieso hatte sie die Macht, ihn zu stürzen?«

»Ganz so war es nicht. Sie selbst hat ihn nicht gestürzt, sie war der Anlaß zu seinem Sturz.«

»Aber sie hatte Macht über ihn?«

»Ja. Sie hatte die Macht, seine Leidenschaft zur Liebe anzustacheln.«

»Ach Gott, das klingt ja nach einem Volksroman. Wollen sie mir die Geschichte nicht erzählen?«

Es blieb mir nichts anderes übrig. Aber zuvor fragte ich: »Wollen Sie es wie vom Fremdenführer oder ganz privat?«

»Privat, privat«, machte sie.

»Also, es begann 1846 – er war sechzig und fühlte sich einsam – wie so oft. Das heißt: Es gab niemand, in den er zu dieser Zeit verliebt gewesen wäre. Man weiß es, weil er in jenen Tagen ein Gedicht geschrieben hatte – er hat viele, wenn auch nicht gute, weil ganz treuherzige Verse verfaßt – weil er in jenen Tagen ein Gedicht geschrieben hatte mit dem Titel: »Unverliebt«.

Dann geschieht folgendes: Im Herbst 1846 erhält er von der Intendanz des Hoftheaters die Mitteilung, daß eine spanische Tänzerin Señora Maria de los Dolores Porris y Montez um die Erlaubnis gebeten habe, in München aufzutreten. Man habe es ihr verweigert, da ihr Ruf nicht der beste sei, wie man aus Paris gehört habe.

Ludwig I. interessiert sich trotzdem für sie. Sie sei sehr schön, sagt man ihm, Franz Liszt, der berühmte Virtuose und Musiker, sei von ihr entzückt. Ludwig I. will die Schöne kennenlernen, gewährt ihr eine Audienz, und versichert ihr dann, er wünsche, daß sie ein Gastspiel gebe.

Am 10. Oktober tritt sie vor dem Publikum auf. Ludwig ist von ihr so fasziniert, daß er ein ums andere Mal »wundervoll, wundervoll« ruft. Vier Tage später darf sie abermals auf der Bühne erscheinen, und Karl Joseph Stieler wird durch den König beauftragt, sie zu malen. Während sie dem Künstler im Atelier sitzt, leistet ihr Ludwig Gesellschaft.

Sie sagt ihm, daß sie einundzwanzig sei. Die Münchner, mit wachen Ohren, da mißtrauisch – beginnen zu munkeln. Sie kennen die Leidenschaftlichkeit ihres

Herrn. Und befürchten das Schlimmste. Die konservativen Kreise, die das Katholische im Land bewahren wollen, erklären, die Tänzerin sei ein Freigeist. Man überprüft ihren Lebenslauf und stellt fest: Sie ist nicht einundzwanzig, sondern siebenundzwanzig, stammt nicht aus Spanien, sondern aus England, ist keine Adelige, sondern eine Bürgerliche, heißt Eliza Dolores Gilbert und hat keinen guten Leumund.

Obwohl die Stadt murrt und das Diplomatische Korps konsternierte Berichte an seine Außenminister in den europäischen Hauptstädten schickt, setzt sich Ludwig I. über alles hinweg.

Bereits am 1. Dezember 1846 kauft er ihr für 16 000 Gulden das Haus Barerstraße Nr. 7. Die Versuche, zwischen dem König und der Tänzerin Mißtrauen zu säen, gehen weiter. Umsonst. Er ist ihr verfallen, wie die Leute sagen. Schon macht er Liebesgedichte auf sie — und gibt sie weiter.

Ein Skandal liegt in der Luft. Sogar der Papst, durch die redlichen Gemüter der Stadt beschworen, schreibt dem König einen mahnenden Brief. Vergebens.

Als sich herumspricht, daß Ludwig die Tänzerin einbürgern wolle, brechen Unruhen aus. Der König setzt trotzdem seinen Willen durch. Vier Minister erklären ihren Rücktritt.

Es kommt schlimmer. Als der bayerische Kriegsminister dem König eine Denkschrift überreicht, in der es heißt, das Verhalten des Königs könne nicht ohne Rückwirkung auf ›die Treue der bewaffneten Macht‹ bleiben, ist Ludwig außer sich vor Empörung. Das heißt ja geradezu, ihm mit der Armee drohen! Er schickt den Kriegsminister auf den Posten des bayerischen Gesandten in Turin. Liberale Minister treten ins Kabinett ein.

1847 beginnen sich die Studenten der Universität zu rühren (die Universität ist 1826 von Landshut nach München verlegt worden). Professor Ernst von Lasaulx, der die Bevölkerung aufruft, den zurückgetretenen Ministern zu huldigen, wird vom König abgesetzt, die katholisch gesinnten Studenten rotten sich zusammen, rufen: ›Zur Lola‹, ziehen vor deren Haus, belagern es. Die Garnison wird aufgeboten und stellt die Ruhe wieder her, aber nachts werden die Fensterscheiben der Residenz eingeworfen. Die Empörung macht nicht einmal mehr vor dem Sitz des Königs halt.

Da sie weiß, daß der König sie stützt, stellt Lola Montez ihre Macht abermals auf die Probe: Sie verlangt von ihm, in den Adelsstand erhoben zu werden. Ludwig I. erklärt seiner Umgebung, er wünsche keine Einwände. An seinem 61. Geburtstag (25. August 1847) erfährt das entrüstete und empörte Land die offizielle Mitteilung, daß Lola Montez ›wegen der vielen, den Armen Bayerns erzeigten Wohltaten‹ zur Gräfin Landsfeld geadelt worden ist.

Der Skandal ist vollkommen. Der König

befindet sich in den Schlingen einer Unwürdigen! Sie wechselt ihre Liebhaber wie ihre Kleider, raunen sich die Leute zu. Man sieht sie in ›zweideutiger Gesellschaft‹ und ein Pole gilt als ihr Favorit. Da dafür gesorgt wird, daß derlei Nachrichten an das Ohr des Königs dringen, melden sich bei ihm die ersten Zweifel. Im Dezember 1847 hat er einen Zusammenstoß mit Lola Montez, der so laut

geführt wird, daß die Nachbarn auf ihre Kosten kommen.
Die Stadt haßt diese Tänzerin, hört aber nicht auf, Ludwig zu lieben, den sie für einen Verführten hält, der einem tückischen Weib ins Garn gegangen ist.
Der Höhepunkt naht. Es ist der 10. Februar 1848. Vor der Residenz zeigen sich Studenten mit Pistolen in der Hand. Ludwig ist dermaßen empört, daß er den Befehl gibt, die Universität zu schließen. Im Nu rotten sich auf dem Odeonsplatz 1000 Bürger zusammen, mit der Bitte, den Befehl rückgängig zu machen. Sie möchten dem König eine Abordnung schicken. Er weigert sich, sie zu empfangen. Es gelingt ihnen trotzdem, eine Deputation ins Innere zu bringen. Ludwig I. herrscht sie an: ›Kommt man mit 2000 Mann im Rücken zum König, um ihn um etwas zu bitten? Es bleibt bei meinem Entschluß. Ich habe die Verfügung, die Universität zu schließen, wohl überlegt und lasse sie mir nicht wieder abtrotzen. Die Münchner Bürger sind undankbar; sie vergessen, was ich durch zwanzig Jahre für die Stadt getan.‹ Dann stößt er die trotzige Drohung aus: ›Ich kann meine Residenz auch verlegen. Nichts hindert mich daran.‹
Das wirkt. Denn ohne ihre Residenz wäre die Königsstadt München um Größe, Ruhm und Ehre gebracht. Die auf dem Odeonsplatz versammelte Menge löst sich lautlos auf. Der König, nun gnädiger gestimmt, erklärt, die Universität bereits im Sommer statt im Winter wieder zuzulassen, aber der Bürgermeister widerspricht: ›Majestät, das genügt nicht, sondern noch in diesem Halbjahr!‹ Neue Unruhen brechen aus. Bürgermeister von Steinsdorf erklärt: ›Der Wunsch der Bürger, Lola müsse aus München entfernt werden, ist nicht mehr zu unterdrücken.‹ «
Tags darauf ereignen sich neue Tumulte. Die Studenten wählen harte Worte: »Wenn der König nicht sofort nachgibt, werden wir in die Barerstraße ziehen und diese Tänzerein, die sich vermißt, Bayern zu beherrschen, in ihrem Hause ausräuchern.«
Die Revolution steht vor der Tür. Aber Ludwig weigert sich beharrlich, sich von Lola Montez zu trennen. Erst als Tausende bewaffnet durch die Straßen ziehen, begreift er, daß seine Krone auf dem Spiel steht. Er beschließt: Lola Montez hat München binnen einer Stunde zu verlassen, und die Universität wird sofort wieder geöffnet. »Es lebe der König«, ruft die Menge, die vor die Residenz gezogen ist.
Lola erkennt, daß höchste Gefahr droht. Während sie in gestrecktem Galopp durch die wütende Menge zur Residenz prescht, stürmt eine Gruppe aufgebrachter Bürger ihr Haus und schlägt alles kurz und klein. Der König eilt in die Barerstraße, zeigt sich auf dem Balkon des Hauses und erklärt unbeirrt, das Gebäude sei sein Eigentum, sie sollten es

schonen. Die Menge bricht in Hochrufe aus.
Es naht der 27. Februar 1848. In Paris bricht die Revolution aus. Deutschland antwortet mit stürmischem Widerhall. Am 29. Februar legt man Ludwig nahe, zurückzutreten, am 2. März werden in der Stadt Barrikaden aufgeworfen, am selben Tag verlangt ein Bürgerausschuß Pressefreiheit und öffentliche Gerichtsverhandlungen. 10 000 Bürger setzen ihre Unterschrift darunter.
Ludwig ist völlig verzweifelt. Soll er es zu einem Blutbad kommen lassen oder nachgeben? Man sagt ihm:
»Euer Majestät haben bis zwölf Uhr mittag Zeit. Wenn bis dahin nicht alle Begehren der Volksadresse bewilligt sind, wird die Residenz eingeäschert. Dann gibt es kein Halten mehr!«
Um 11 Uhr fügt sich Ludwig.
Am 8. März meldet ein in München lebender Engländer namens Barton, Lola Montez sei heimlich in die Stadt zurückgekehrt. Mit dieser Nachricht weckt man den König nachts um ein Uhr in der Residenz. Er begibt sich ins Polizeigebäude, wo sich ihm eine als Bauersfrau verkleidete Lola Montez in die Arme wirft; sie hatte ihn von der Schweiz aus angefleht, auf die Krone zu verzichten und das Leben mit ihr zu teilen. »Ich liebe Dich«, sagt sie ihm beschwörend. Er glaubt ihr, zumal sie ihm beteuert, von Eifersucht getrieben zu sein – und läßt sie über die Grenze abschieben.
Die Stadt erfährt von dem Zwischenfall erst am 16. März. Das Gerücht jagt durch die Stadt: Lola Montez war hier. Vielleicht hält sie sich noch immer versteckt? Eine Raserei bemächtigt sich der Bürger, die den Sieg schon nahe geglaubt hatten. Und Ludwig läßt sich das Versprechen abnehmen, die Spanierin in Gewahrsam zu nehmen, sobald sie auftauchen sollte.
Durch Europa fliegt die Revolution. Am 13. März 1848 ist in Wien Fürst Metternich gestürzt worden, der seine Politik seit dem Sturz Napoleons 1815 auf die europäischen Throne und Fürstentümer gestützt hatte, in der Hoffnung, das Ancien Regime der Monarchen am Leben erhalten zu können.
Am 18. März erhebt sich Berlin, am 19. März brechen dort blutige Unruhen aus. Die nächsten Stunden entscheiden über das Schicksal Ludwigs I. Am 20. März erläßt er den Aufruf: »Bayern! ... Ich lege die Krone nieder –« Maximilian, sein Sohn, wird Nachfolger.
Ludwig, schwer gedemütigt, getäuscht, hintergangen und der Krone verlustig durch die Liebe zu einer Närrin, die maßlos und geltungssüchtig und herrschsüchtig war, zog sich ins private Leben zurück.
Als sich sein Schicksal vollendet hatte, warf er seine Enttäuschung in ein Gedicht, das nobel-verhalten ausdrückt, wie tief er getroffen war. Die letzte Strophe lautet:

DER JAHRE LANGER TRAUM IST NUN
VERSCHWUNDEN,
IN EINER ÖDE BIN ICH NUN ERWACHT,
VORÜBER IST WAS ICH GEFÜHLT,
EMPFUNDEN,
DOCH UM DIE KRONE BLEIBE ICH
GEBRACHT.

Den Kopf in die Hand gestützt, hatte sie wortlos zugehört. Sie schaute schweigend zur Residenz hinüber:
»Was ist aus ihr geworden?«
Ich erwiderte, daß man sich in München nicht sonderlich dafür interessiere, aber wenn sie wolle, könne sie das Ende der Geschichte hören. Sie nickte.

Lolas Ende

Ich zog wieder ein Papier aus der Tasche. Erstaunt fragte sie: »Wie kommt es, daß Sie solche Texte mit sich herumschleppen?«
Ich erklärte ihr, daß ich mich eigentlich nicht nur ihretwegen gewappnet hätte, sie möchte verzeihen, sondern daß ich Material sammelte, weil ich vielleicht ein Buch über München schreiben würde.
»Ach so«, machte sie kurz. Ich schob ihr den Text hin: »Das ist die Fotokopie eines Artikels, der sich 1860 in dem ›Jahrbuch zum Conversations-Lexikon‹ des Verlages Brockhaus, Leipzig, findet. Ich habe das Buch antiquarisch aufgetrieben und bin auf folgenden Artikel gestoßen:
›Montez (Lola), die durch ihre Abenteur und ihr Temperament bekannte Tänzerin, starb am 12. Juli 1860 zu Neuyork im Alter von 40 Jahren. Nach ihrer Vertreibung aus Baiern im März 1848 wandte sie sich unter mancherlei Irrfahrten nach England, wo sie 1840 einen Offizier Namens Heald heirathete. Mit diesem unternahm sie eine Reise nach Spanien. Ihre wilden Launen entfernten jedoch den Mann bald wieder von ihr; auch war ihre Ehe ungültig, indem ihr erster Gatte, ebenfalls ein britischer Offizier Namens James, damals noch lebte.
Im Jahre 1852 begab sich Lola nach Nordamerika und betrat hier wieder als Schauspielerin und Tänzerin die Bühne. Namentlich aber stellte sie in einem unter ihrer Mitwirkung verfaßten Stücke ihre eigenen Erlebnisse in Baiern dar und erntete damit Geld und Beifall. Von Neuorleans aus, wo ihre Darstellungen mit großem Skandal von seiten der katholischen Partei verbunden waren, reiste Lola im Sommer 1853 nach Californien, und hier fand ihr groteskes Wesen einen geeignetern Boden als irgendwo.
Ihr voraus war die Veröffentlichung einer Schrift gegangen, die ihr romantisches Leben schilderte und von den Californiern eifrig gekauft wurde. Ein specu-

lativer Schauspieldirector zu San Francisco ließ aus diesen ›Memoiren‹ ein neues Spectakelstück fertigen, in dem Lola abermals in Person, und zwar mit ungeheurem Success auftrat.
Lola erschien in dem Drama als Befreierin des bairischen Staats vom pfäffischen Joche. Der König Ludwig und dessen Gemahlin feierten Lola als ihren guten Genius und schmückten sie mit denselben Diamanten, die ihr einst von dem Könige als Gräfin Landsfeld in der That verehrt worden waren. Der gestürzte Minister Abel und einige andere bairische Adeliche von der Reaction, die unter ihrem wirklichen Namen auftraten, figurirten als von Lola verschmähte Liebhaber und Intriguanten. Die münchener Studenten traten, den Vorgängen von 1848 gemäß, in dem Stücke ebenfalls auf.
Das Ganze schloß mit einer brillanten Feuerwerksscene, in welcher Lola aus ihrem brennenden Haus stürzte und ihren Verfolgern durch die Flucht sich entzog. Auch in andern ihrem Charakter angemessenen Stücken trat Lola vor dem kosmopolitischen Publikum von San Francisco mit größtem Erfolge auf. Weniger Glück machte sie aber selbst bei den Yankees mit ihren Tanzvorstellungen. Als eines Abends ihr Tanz, in dem sie die Koketterie der Spanierin Pepita nachahmte, den Spott und das Gelächter des Parterre erregte, trat sie voll Zorn an den Rand der Bühne und hieß diejenigen das Haus verlassen, die mit ihrer Leistung nicht zufrieden wären.
Solche und andere kecke Streiche und Impromptus, die oft Geist, Witz und Muth genug verriethen, vermehrten nur die Zahl ihrer frivolen Freunde und Anbeter, und als Lola gar für die Spritzencompagnien von San Francisco, zu denen auch die Goldene Jugend der Stadt gehört, eine Benefizvorstellung gab, war der Enthusiasmus grenzenlos. Lola wurde indes des stürmischen Lebens in San Francisco müde. Sie heirathete einen amerikanischen Zeitungsredacteur, Namens Hull, und zog sich mit diesem und ihren Dollars nach Nevada City, einem im Entstehen begriffenen Städtchen am Fuße der Sierra Nevada in Californien, zurück, wo sie mit dem neuen Gatten in idyllischer Zurückgezogenheit der Natur lebte.
Bald jedoch verließ sie dieser, und an seine Stelle trat ein deutscher Arzt von Adel, ein passionierter Jäger, in dessen Gesellschaft sie dem Weidwerke oblag, und der, wie es scheint, ihre Neigung ernstlicher zu fesseln wußte. Eine Feuersbrunst verheerte die Stadt und auch ihr Haus. Sie ließ dasselbe geschmackvoll wiederherstellen, um für immer in dieser Abgeschiedenheit zu weilen. Da ereignete sich, daß ihr Freund auf der Jagd durch Zufall sein Leben verlor, und dieser Schlag äußerte einen so tiefen Eindruck auf sie, daß sie Nevada verließ. Sie ging nach San Francisco, versteigerte

daselbst ihre Diamanten öffentlich für 10 000 Dollars und reiste dann zur See nach Neuyork. Theaterdirectoren und andere Unternehmer solcher Art machten ihr hier glänzende Anerbietungen, welche sie aber ausschlug. Ein ernsterer Sinn und ein gemesseneres Wesen war über sie gekommen.

Dagegen ergriff sie mit Talent ein neues Modefach, indem sie über sociale und moralische Gegenstände öffentliche Vorlesungen hielt, die ungemeinen Zulauf und Beifall fanden. Die Liebe, und zwar die platonische, spielte eine große Rolle in ihren Vorträgen, welche übrigens nicht ohne Geist waren und keineswegs eine frivole Lebensphilosophie zur Schau trugen.

Ende 1855 schiffte sich Lola nach Australien ein, wo sie an der Spitze einer kleinen Truppe zu Melbourne wieder Theatervorstellungen gab, auch mehrmals selbst zum Benefiz der vor Sewastopol verwundeten Engländer und Franzosen auftrat. Nach ihrer Rückkehr wandte sie sich aufs neue öffentlichen Vorlesungen zu, deren Ertrag sie zu wohltätigen Zwecken bestimmte.

Am 30. Juni 1860 ward sie zu Neuyork von einem Nervenschlage betroffen, demzufolge sie einige Tage blind und bewußtlos blieb. Zwar erfolgte am 3. Juli einige Besserung, aber später stellten sich neue Zufälle ein, die ihrem bewegten und abenteuerlichen Dasein ein Ende machten. In Neuyork nahm man viel Antheil an ihrem Schicksale, und einer ihrer Biographen erklärt: Lola war viel besser als ihr Ruf.‹«

Sie schüttelte den Kopf und sagte: »Das ist also die Frau, die den König stürzte. Vielleicht hat sie ihn aber tatsächlich geliebt.«

Ich schwieg, da ich es nicht wußte.

»Sie hat ihn vielleicht tatsächlich geliebt, Monsieur«, wiederholte sie.

»Sicherlich hat sie es ihm immer wieder beteuert, und ihn dabei ruiniert. Wenn Sie meinen, daß man das Liebe nennen kann, hat sie ihn wahrhaftig geliebt.«

Sie warf mir einen dunklen Blick zu, straffte sich und sagte: »Ich glaube, es ist an der Zeit, sich mit der Straße zu beschäftigen.«

Das fand ich auch.

Tochter Italiens?

Die Sonne stand schon im Westen.
»Von hier aus haben Sie den bequemsten Blick auf die Ludwigstraße, hier beginnt sie«, sagte ich am Odeonsplatz und lud sie ein, auf einer der Stufen zur Feldherrnhalle Platz zu nehmen. Sie zog ihre Blue Jeans über die Knöchel, ließ sich wortlos nieder, schaute in die schnurgerade nach Norden verlaufende breite Gebäudeschlucht, durch die die Verkehrsschlangen hindurchrollten, fragte: Wie lang ist sie? – erhielt zur Antwort: Bis zum Siegestor sind es 1200 Meter – drehte den Kopf nach links, betrachtete die bis zu den beiden gekräuselten Glokkentürmen hinaufschwingende Ockerfassade der Theatinerkirche, drehte den Kopf nach rechts, wo die graublauen ruhigen Wände der Residenz auf den dunkleren Eckturm zulaufen, der den Palast wie eine Festung gegen Hofgarten und Odeonsplatz absichert, blickte schließlich hinter und über sich und lächelte: »Ein Löwe.«
Das steinerne Tier näherte sich aus der Feldherrnhalle lautlos unseren Köpfen.
»Und das ist der berühmte Odeonsplatz«, sagte ich. »Ich hoffe, er gefällt Ihnen.«
»Aber ja.«
Ich machte sie darauf aufmerksam, daß man von drei großen Wänden umgeben ist und den Blick in die lange Gerade der Ludwigstraße schicken kann, so daß man sich zugleich geborgen und frei fühlt:
»Diese Architektur ist groß im Stil, aber nicht maßlos. Haben Sie schon einmal probiert, zu Fuß über die Place de la Concorde in Paris zu gehen? Es ist schwierig. Sie haben selbst gesagt, Paris sei Ihnen zu riesig. In München werden Sie dieses Gefühl nie haben. Die Stadt ist nach den Maßen des Menschen angelegt. Der Mensch hat hier als Maßstab gedient.«
»Der Mensch als Maßstab? Das klingt ja nach Ideal.« Sie schaute spöttisch, als sie hinzusetzte:
»Wenn Sie jetzt noch sagen, München

wäre ein Humanismus in Stein oder so, breche ich in ein Gelächter aus.«
»Da Sie so bezaubernd lächeln und lachen können, würde ich mich freuen, wenn Sie es täten. Die jungen Dialektikerinnen von heute kennen ja sowieso keinen Spaß. Aber ich danke Ihnen für die Formel ›Humanismus in Stein‹. Das trifft das Wesen dieser Stadt. Das drückt die Architektur aus. Die Steine ringsum reden ... Aber was meinen Sie mit Humanismus?«
»Eine Ideologie, mein Herr«, antwortete sie sehr bestimmt.
»Verzeihung, und was nennen Sie Ideologie?«
Die Antwort kam sofort: »Eine Ideologie ist eine fixe Idee, der sich jemand blindlings unterwirft. Eine Lehre, von mir aus. Und für mich enthält der Satz des Humanismus: DER MENSCH IST DAS MASS ALLER DINGE, eine Ideologie.«
Sie warf mir einen Blick zu, als ob ich einer ihrer Kontrahenten aus dem Philosophischen Seminar wäre. Ich probierte es lächelnd:
»Eine Ideologie ist eine fixe Idee, der sich jemand blindlings unterwirft, sagen Sie. Das finde ich gut. Aber damit aus einem Grundsatz ein ideologischer Grundsatz wird, braucht man einen Menschen, der ihn zum Dogma erhebt und mit Gewalt durchsetzt. Der Humanismus ist aber ein Idealismus ohne Feuer und Schwert.«
Sie starrte auf den Odeonsplatz, folgte dem Flug der Taubenschwärme, die aus der blauen Luft stürzten und in die Luft zurückjagten, beobachtete die den Platz überquerenden Passanten und die herumknipsenden Touristen und sagte dann ruhig, aber boshaft:
»Ich hätte nie und nimmer gedacht, daß dieser Ausflug nach München eine Bildungsreise für mich werden sollte.«
»Bei uns«, erwiderte ich verschlüsselt, »wird seit Jahren so viel von Bildungsnotstand gesprochen, daß ich über Ihre wachsende Wißbegierde entzückt bin. Das ist sicherlich ein Ergebnis Ihres Reporter-Daseins.«
Es war wie ein Stichwort. Mit veränderter, liebenswürdiger Stimme sagte sie:
»Beinahe hätte ich vergessen, weshalb ich hier bin. Ich muß ja einen Bericht heimbringen. Ich bin ja nicht zum Vergnügen ...«, besann sich, unterbrach sich und gab mir dadurch Gelegenheit, Erstaunen zu zeigen, worauf sie schnell hinzusetzte:
»Pardon, Monsieur, das Vergnügen ist ganz auf meiner Seite.«
Ich versicherte ihr dasselbe. Ihre Trotzigkeit schien nachzulassen. Aber dann versetzte sie mir einen leichten Hieb:
»In meiner Reportage werde ich aber unser Geplänkel über das Ideologische unterschlagen. Man fährt ja schließlich nicht nach München, um sich mit irgend jemand über derlei Dinge zu unterhalten.« Und strahlte. Ich feixte:
»Es kommt doch nicht auf den Ort an, sondern auf die Partner. Wenn Sie über

unser kurzes Geplänkel berichten, werden Ihre Leser von der Schlagfertigkeit, die Sie hier in München zeigten, entzückt sein.«
»Aber die Leute werden sich fragen, was das mit München zu tun hat. Der Leser will doch Städteansichten und Begegnungen, Szenen, Sitten und Gebräuche, Sensationen und Statistik und jeweils das Spezielle oder das Klischee, das er ja schon kennt, bestätigt sehen. Ich müßte also über die Biertrinker im Hofbräuhaus etwas schreiben.«
Es traf mich ins Herz und ich schwieg; nicht, weil ich etwas gegen die Biertrinker hätte. Aber München als Schablone — das geht mir gegen den Strich.
»O Mademoiselle«, sagte ich seufzend wie in einem Theaterstück. Sie musterte mich wachsam, sagte jedoch nichts.

Nachdem wir eine Zeitlang in die Ludwigstraße hinausgestarrt hatten, sagte ich vorsichtig:
»Natürlich sollen Sie das Hofbräuhaus kennenlernen. Aber soviel ich weiß, sind Sie nicht als Tourist gekommen, sondern um die Stadt zu ergründen. Sie wollen doch München von innen her packen. Das geht nur, wenn Sie es erfühlen. München ist für Gefühlsmenschen gemacht.«
»Ich weiß, ich weiß«, erwiderte sie etwas ungeduldig, erhob sich, stieg die Stufen zur Feldherrnhalle voran, sah sich in dem hinter den drei hohen Rundbogen liegenden Raum um:
»Was ist denn das?«
»Das ist Florenz«, sagte ich. Wieder kam ihr der leicht mißtrauische Zug ins Gesicht, aber ehe sie den Verdacht äußern konnte, ob ich mich vielleicht über sie lustig machte, setzte ich hinzu:
»Die Feldherrnhalle stammt aus dem Jahre 1841. Sie ist eine Variation. Das Original findet sich in Florenz. Es steht rechterhand auf dem schönen Hauptplatz und ist 1376 von dem Herrn der Stadt in Auftrag gegeben worden. Im 16. Jahrhundert hat man die deutschen Landsknechte darin untergebracht. Seitdem heißt die Halle dort ›Loggia dei Lanzi‹ — ›die Halle der Landser‹.
Ludwig I. hat die Feldherrnhalle hierhersetzen lassen, weil er für seine Ludwigstraße, wenn man sie von Norden her betrachtet, einen imponierenden Abschluß brauchte. Sie werden nachher feststellen können, ob ihm das gelungen ist.«
»Leider war ich noch nicht in Florenz.«
»Ich hoffe, es wird Ihnen bald möglich sein. Florenz war eine der wichtigsten Städte Europas. Es ist zwischen 1350 und 1550 eine der bedeutendsten Renaissancestädte gewesen. Giorgio Vasari, der die Lebensgeschichte der Künstler seiner Zeit verfaßte, hat seiner Epoche 1550 den Namen gegeben:
Rinascità. Das Wort wurde 200 Jahre später ins Französische übersetzt, und in seiner französischen Fassung ist es ins Deutsche übergegangen: ›Renaissance‹. Gemeint ist — entschuldigen Sie, es handelt sich schon wieder um ein Klischee: Wiedergeburt der Antike. Aber das kennen Sie ja.«
»Man hat in der Schule bereits davon gehört«, sagte sie mit gespielter Herablassung. Ich mußte versuchen, sie aus ihrer Nonchalance herauszulocken.
»München ist eine Tochter der Stadt Florenz.«
Sie schaute mich ungläubig an:
»Das kann doch Ihr Ernst nicht sein. Soviel ich weiß, liegen zwischen Florenz und diesem seit 1800 entstandenen München ganze Jahrhunderte.«
»Stimmt. Aber Florenz war eines der Leitmotive für König Ludwig. Und wenn ich sage, München sei eine Tochter von Florenz, so muß ich hinzufügen: Jedoch aus bayerischem Stamm und mit den

ganz individuellen Zügen dieses Landes.«
»Sind Sie ganz sicher?«
»Ganz sicher. Aber ich weiß nicht, was der Urmünchner oder Urbayer davon halten wird.«

Sinnlichkeit

Wir kehrten der Feldherrnhalle den Rücken, ließen uns wieder auf der Treppe nieder, hörten auf das steigende Verkehrsfieber, sahen auf den Odeonsplatz und auf die Wände rechts, links und hinter uns, verfolgten den Schatten, mit dem die Theatinerkirche die Fassade der Residenz verdunkelte.
»Es ist schön«, sagte sie.
Mit ihrer linken Fahrbahn rannte die Ludwigstraße auf uns zu, mit ihrer rechten eilte sie von uns fort. Die rechte Seite der Straßenschlucht hell in der Sonne, die linke als eine Schattenmauer; der Dialog zwischen Licht und Schatten endete am Siegestor, wo er sich verlor.
»Sie waren schon in Florenz?«
»Ja, ein paar Mal, glücklicherweise«, sagte ich.
»Was finden Sie an Florenz?«
»Es fasziniert mich, weil es schön ist. Mit Florenz und den anderen italienischen Renaissance-Städten kehrt die Schönheit der Alten Welt nach Europa zurück. Ich glaube, es war eine Revolution.«
»Verzeihung, was nennen Sie ›schön‹. Das ist doch alles höchst umstritten.«
»Vielleicht kann ich es am besten mit dem Satz eines Philosophen ausdrücken. Kant hat gesagt: ›Schön ist, was ohne Begriff gefällt.‹«
Nachdenklich wiederholte sie:
»Schön ist, was ohne Begriff gefällt.« Sie grübelte vor sich hin:
»Ich weiß nicht recht. Was heißt denn: ›Gefällt?‹«
»Das, was einem in die Augen fällt, einem in die Augen springt, gefällt einem, wenn es harmonisch und maßvoll, edel oder anmutig ist und das alles bedeutet: wohltuend berührt. Jemand hat den Menschen das ›Augentier‹ genannt. Schön ist, was man als angenehm empfindet. Nicht was ihn quält, nennt der Mensch schön, sondern das, was ihn entzückt. Schönheit ist ein anderes Wort für Sinnenfreude. Für Sinnlichkeit. Und dieses München ist eine durch und durch sinnliche Stadt.«
»Aha«, machte sie, »jetzt kommen wir der Sache schon näher. Sie meinen mit ›Sinnlichkeit und Schönheit‹ doch nichts anderes als etwas Erotisches. Geben Sie es zu.« »Stimmt. München ist für mich ein Erotikon.« »Was soll denn nun das wieder heißen?«
»Ein Erotikon ist etwas, was einen sinnlich reizt, erotische Gefühle wachruft.«

»Mein Gott, Monsieur, Sie sprechen ja wie einer, der verliebt ist.«
»Ich bin in München verliebt.«
»Permanent?«
»Permanent.«
Sie warf mir prüfende Blicke zu, schüttelte den Kopf und sagte:
»Das sagen Sie nur, weil Sie behauptet haben, München sei eine Tochter der Stadt Florenz, wovon ich übrigens noch nicht überzeugt bin. Sie wollen die Stadt partout aus der Renaissance ableiten.«
»Ich möchte das nach 1800 entstandene München Ludwigs I. aus dem Geist der Renaissance ableiten, der ein Geist der Revolte war« – sie fiel mir ins Wort: »Aber den Beweis dafür sind Sir mir noch schuldig.«
Ich antwortete, daß es mir lieber wäre, wenn wir von Schlußfolgerung statt von Beweisen sprechen könnten.
»Leider«, setzte ich hinzu, »muß ich Ihren Sinn für das Historische wieder etwas strapazieren ...«
»Ich habe mich allmählich daran gewöhnt, Ihre geschichtlichen Einschiebsel sind gar nicht so schlecht wie ich befürchtet hatte. Wohin gehen wir denn jetzt zurück?« Der letzte Satz klang spöttisch.
»Ins europäische Mittelalter«, sagte ich ungerührt. »Wenn man sie nicht gegen das Mittelalter absetzt, bleibt die Renaissance unverständlich. Es langt sowieso nur für eine Skizze.«

Memento mori

Das Mittelalter beginnt als eine der abgründigen europäischen Epochen um 400 n. Chr. in Italien, wo es nach einer Herrschaft von 900 Jahren die ersten Widersacher findet, die ihm eine neue Weltgesinnung – die Renaissance – in den Weg stellen.
391 n. Chr. wird das Christentum auf dem Boden des alten römischen Reiches zur Staatsreligion erklärt, das heißt: Zur einzigen gültigen und wahren Religion überhaupt. Diese Erhebung bedeutet den sichtbaren »Sieg über das Heidentum« der Alten Welt, die dadurch jedoch nicht völlig ausgelöscht wird; einiges von der alten Kultur erhält sich in der christlichen Theologie, die eines der wichtigsten Instrumente der Kirche wird, die als die eigentliche Herrschaftsorganisation des Christentums an Macht gewinnt.
Alle Religionen sind Welterklärungs-Systeme. Auch das Christentum hat für jede fundamentale Frage, die sich der Mensch stellt, die Antwort oder ein Argument. Die Grundfragen sind zu allen Zeiten dieselben: Weshalb bin ich? Weshalb leide ich? Weshalb sterbe ich? Und was kommt dann?

Antwort: Du bist, weil Gott die Welt und dich geschaffen hat. Du leidest, weil du an Adams Sündenfall teilhast. Adam hat gegen das Verbot Gottes – von diesem Baume sollst Du nicht essen – verstoßen. Deshalb verlor er das Paradies und erhielt dafür den Tod. Der Tod ist die Strafe für Adams Fall, und du lebst im Zustand der Erbsünde, bist jedoch kein von vornherein Verdammter, denn Jesus Christus hat dich durch seinen Tod am Kreuz erlöst.

Oder um es mit den Worten des heiligen Augustinus aus dem Jahre 396 n. Chr. zu sagen:

»Seitdem im Paradies unsere Natur gesündigt hat, werden wir von derselben göttlichen Vorsehung nicht nach dem Himmel, sondern nach der Erde, das heißt nicht dem Geiste nach, sondern nach dem Fleische durch sterbliche Zeugung gebildet, und sind wir alle ein Klumpen Ton, eine Sündenmasse . . .«

Infolge der Erbsünde sind wir an sich alle Verdammte dieser Welt. Aber Jesus Christus, Gottes Sohn, hat uns durch seinen Opfertod am Kreuz erlöst. Das heißt: Die Schuld, die einer während seines Lebens persönlich auf sich lädt, entscheidet am Tag des Gerichts darüber, wohin er gehen wird, ob zum Himmel oder zur Hölle.

Tod, Gericht, Himmel, Hölle sind die letzten vier Dinge, die den Menschen betreffen.

Der Mensch des christlichen Mittelalters lebte unter den Schwertern des Damokles. Der Zwang, den die Lehrsätze auf ihn ausübten, war streng, unerbittlich, finster, schrecklich. Ein an sich schon primitiv-jammerhaftes Leben durch die Fuchtel der Teufel, durch den Terror der Todesangst, durch Lebensangst, das Grausen der Vergänglichkeit gequält. Leben ist Leiden. Das sterbliche Fleisch. Die Weltverachtung. Verneinung von Schönheit und Glück.

Florenz ist die Stadt, wo der letzte große Rufer des Mittelalters mit dem ersten großen Vorboten der Renaissance die Wege kreuzt. Der Rufer des Mittelalters ist Dante (1265—1321). Der Vorbote der Renaissance der Dichter Petrarca (1304 bis 1374). Das letzte überwältigende Zeugnis aus dem italienischen Mittelalter, Dantes »Göttliche Komödie«, 1320 vollendet, enthält das erhabene, aber schreckliche Bild jener Zeit – und endet mit der Verheißung, die der Blick in den Himmel gewährt. Das gewaltige Gedicht beginnt mit Dantes Wanderung durch die vielen Höllen. Der Dritte Gesang hebt an mit der Inschrift am Höllentor. Das Tor spricht:

ICH BIN DER EINGANG
IN DIE STADT DER SCHMERZEN,
ICH BIN DER EINGANG
IN DAS EWIGE LEID,
ICH BIN DER EINGANG
ZUM VERLORNEN VOLK.
GERECHTIGKEIT
BEWEGTE MEINEN BAUHERRN,
DIE ALLMACHT GOTTES
RICHTETE MICH AUF,
DIE HÖCHSTE WEISHEIT
UND DIE ERSTE LIEBE.
GESCHAFFNE WESEN,
GAB ES NICHT VOR MIR,
NUR EWIGE,
UND EWIG STEHE ICH.
TU, DER DU EINTRITTST,
ALLE HOFFNUNG AB.

(Übersetzung von Karl Vossler)

Petra Moll

GÖTTLICHER SCHÖNHEIT
BIN ICH TEILGEWORDEN,
SEIT MIR ZUM ERSTENMAL
IHR BLICK ERGLOMMEN,
DER MICH VERFOLGT
IM SCHLAFEN UND IM WACHEN.

Der erste moderne Mensch

Es ist ein Gesetz des Lebens und damit der Geschichte: Auf Druck folgt Gegendruck. Der erste, der sich weithin sichtbar gegen das mittelalterliche Weltbild stellt, indem er ein völlig anderes entwirft, ist Petrarca, ein Bürger der Stadt Florenz. Als Dante 1321 starb (außerhalb von Florenz), war Petrarca 17 Jahre alt. In diesen beiden Dichtern begegnen sich das Mittelalter und die Renaissance. Petrarca, mit 21 Jahren an der Universität Bologna, um die Rechtswissenschaft zu studieren, wird die erste große Stimme der neuen Zeit. Obwohl ihn die juristischen Bücher des Stoffes wegen nicht reizen, widmet er sich ihnen, weil sie »voll von Anklängen an das römische Altertum« sind.

Mit 23 Jahren begegnet er jener berühmten Dame Laura, die seine Leidenschaft entflammt. Inmitten der im Grunde mittelalterlichen Welt beginnt er als erster die Schönheit des Menschen zu preisen, was für das Mittelalter undenkbar gewesen war. Ihm werden viele andere folgen:

Mit 32 Jahren (1336) ist er in Rom, wo ihn die Ruinen der Antike faszinieren. Er fühlt sich in das Altertum der Heiden ein, sammelt Manuskripte der Alten Welt, wo er sie finden kann, schreibt Briefe an Homer, Cicero, Livius, als wären sie seine Zeitgenossen und wendet sich dem alten Griechenland zu, das, im Gegensatz zum Alten Rom, auf dessen Boden sich ja die Kirche erhebt, nur wenig zur Kenntnis genommen wurde.

Nach und nach bildet er seine Weltanschauung aus: Die humanistische. Das heißt: Er setzt an die Stelle der übernatürlichen, übersinnlichen Welt des Mittelalters, über der Gott thront, das Natürliche, das Sinnliche, die Sinnlichkeit. Und stellt das Natürliche in den Mittelpunkt der Welt. Er fordert zugleich das Recht des Menschen auf sein irdisches Leben. Das Leben wird zum Sinn des Lebens. Das Jenseits tritt in den Hintergrund.

Aber wie denkt er über den Tod?

Auch dazu hat er eine Antwort: Der Ruhm, den sich der mit allen seinen Kräften regende, der erfolgreiche Mensch, erwirbt, triumphiert über den Tod, sein

Name wird bei den späteren Geschlechtern weiterleben. Ruhm ist irdische Unsterblichkeit.
Ein anderer italienischer Dichter, Ariost (1474—1533), drückt einen wesentlichen Charakterzug der Renaissance aus, indem er diejenigen, die Italien aus der christlichen Religion herauslocken, um sie der Philosophie anzunähern, und die Schriften der Alten wiedererwecken, »Umanisti« nennt, das sind diejenigen, die das Studium der »klassischen Literatur« pflegen.
»Übrigens hat ein berühmter Religionsforscher, Ernest Renan, er starb 1892, die Kühnheit gehabt, Petrarca den ›ersten modernen Menschen‹ zu nennen. Da Renan ein Landsmann von Ihnen ist, muß ich nicht hinzufügen, daß er Franzose war.«
Sie nickte ein Einverständnis, und sagte: »Ich sehe immer noch nicht recht ein, was das mit München zu tun haben soll.«
»Auch München ist nicht an einem einzigen Tag erbaut. Seit Tagen bemühe ich mich darum, Ihnen einige Entwicklungslinien vor Augen zu führen, und damit Sie jetzt gleich Ihre Ruhe haben, will ich nur noch einmal und dann nicht mehr von einem Menschen der Renaissance sprechen, der einer der Herrscher der Stadt Florenz war, und dessen Leistungen unser königlicher Bauherr Ludwig I. sicherlich einigen Dank wußte.«
»Ich höre«, machte sie gnädig. Ich überhörte es:
»Als Florenz aufblühte — es war unter Lorenzo dem Prächtigen aus dem Hause Medici, er starb 1492 —, stieß man im Kloster von Sankt Gallen in der Schweiz auf eine Schrift, die eine sensationelle Wirkung hatte. Die Schrift stammte von dem römischen Baumeister und Ingenieur Vitruvius, Titel: ›Die Architektur‹; aus der Zeit um 25 v. Chr. Da darin über die Anlage von Städten, über den Bau von Tempeln, Theatern, Privathäusern, Wasserleitungen und Bädern berichtet wurde, und es sich um das einzige Buch dieser Art aus den Tagen des Alten Rom handelte, erregte es Aufsehen und Begeisterung, Lorenzo der Prächtige stürzte sich auf die Kostbarkeit, ließ sich vom Geist der antiken Baukunst entflammen und begann, die Stadt Florenz im Sinne Vitruvs mit einer Architektur zu schmücken, die klassisches Ebenmaß und sinnliche Schönheit hatte.«
Sie hatte mich ohne Einwände reden lassen. Jetzt sagte sie:
»Ich beginne zu verstehen. Sie wollen München, weil hier die Feldherrnhalle steht, partout aus Florenz ableiten und aus der Renaissance überhaupt, weil Florenz eine Hauptstadt der Renaissance war. So ist es doch?«
»Ja und nein. Ich will München nicht aus Florenz ›ableiten‹, wohl aber aus der Renaissance. Auf die Renaissance mit ihren strengen Linien folgt das Barockzeitalter, die Gerade löst sich in Schwingungen auf, die Kirchen fliehen in Kurven und in

einer ungeheuren Farbenpracht wirbelnd und jubelnd bis unter den Himmel. Dann, um 1770, besinnt man sich in der Architektur, aber auch überall in der Kunst, auf die Renaissance. Und die strengen Linien kehren wieder. Eine Bewegung gegen das Barockzeitalter bricht durch – der Klassizismus. Und damit sind wir beim Stil der Ludwigstraße.«

Ich deutete zur Theatinerkirche hinüber. Sie ließ die Blicke über die hinaufschwingende Fassade bis zu den wie kreisenden Glockentürmen wandern, deren Orange-Ton in der allmählich hereinbrechenden Dämmerung zu verstummen begann, und sagte unvermittelt:

»Manchesmal, wenn Sie zu Ihren Monologen ansetzen, denke ich mir: ›Jetzt doziert er wieder‹, aber ich glaube doch, daß man das alles bedenken müßte, damit man eine Stadt wie diese zum Sprechen bringt.«

Der ironische Unterton fehlte diesmal. Sie fing sich aber sofort:

»Monsieur, ich glaube, Sie sind der beste Fremdenführer, den ich je hatte.«

»Wieviel sind es denn gewesen?«

Sie lachte:

»Sie sind der erste. In Paris kenne ich mich ja selbst ganz gut aus.«

Die Straße des Königs

Bevor wir aufbrachen, um auf der linken Seite der Ludwigstraße im Schatten nach Norden zu schlendern, führte ich sie nochmals zu dem Reiterdenkmal des Königs, bei dem wir am Vormittag gewesen waren: An dieser Stelle, quer über die jetzige Straße hinweg, zog das »Schwabinger Tor« bis 1817 die Grenze gegenüber dem Land, das sich weit in den Norden dehnte, bis zu einem kleinen Dorf namens Schwabing.

»Wir haben uns vorhin zwischen Theatinerkirche und Feldherrnhalle auf dem Boden des mittelalterlichen München befunden, obwohl die Kirche aus dem Barock stammt; die Kuppel wurde ihr 1684 aufgesetzt. Mittelalter hieß: Runde Mauer, enge, winkelige Gassen, aber hinter Stadtmauer und Turm. Alles klein beieinander, und wohl auch kleinlich.

Aber München ist innerhalb weniger Jahre aus dem Mittelalter herausgerissen – die Mauern fielen 1790 – und in die weiträumigen Rechtecke und geraden Linienführungen antiker Architektur versetzt worden. Der mittelalterliche Ring wird übersprungen, die Münchner

gelangen in freies Feld, aber die Felder werden dann durch den rechten Winkel und langlaufende Straßenzüge gebändigt.«

»Die antike Architektur war doch geometrisch«, warf sie ein.

»Ja. Aber München hat Glück gehabt. 1804 wird eine Staatliche Baukommission gebildet, die den Beschluß faßt: Die mittelalterliche Stadt hinter Türmen und Toren liegend, bleibt unangetastet. Dadurch behält die Stadt ihre Mitte. Ihre Mitte ist ihr Herz. Alle neuen Viertel, die nach 1800 entstehen, werden durch Straßen gegliedert, die auf das Herz der Stadt zielen. Das ist eines der Geheimnisse der Münchner Stadt. Denn deshalb ist sie eine Einheit geworden.«

Wir begannen unsere Wanderung. Das linke Trottoir, sehr breit, im Schatten, lenkte den Blick auf die noch immer von der Sonne erwärmten gegenüberliegenden Fassaden.

Wenn Steine reden könnten, dachte ich, wenn Steine reden könnten, würden sie die Lebensgeschichte dieser Straße erzählen, die ein Drama gewesen ist zwischen Ludwig und seinen Kleinstädtern. Denn so schnell sprang der Münchner nicht aus seinem Mittelalter heraus wie sich der junge Fürst das vielleicht gedacht hatte.

München hatte im Jahre 1800 erst 49 000 Einwohner. Das ergibt die Größe einer Kleinstadt.

Aber die Steine reden. Man muß ihnen nur die Stichworte geben. Man braucht die Stichworte überall dort, wo die Geschichte auftritt:

1804 Kronprinz Ludwig, 18 Jahre alt, begibt sich auf seine erste Italienfahrt. Jeder junge Europäer aus vermögendem Haus muß die Apenninenhalbinsel kennenlernen, denn dort ist das Land, das die Schätze der Antike gesammelt und in der Renaissance zu neuem Leben erweckt hat.

Ludwig begegnet auf seiner Reise den Werken Antonio *Canovas*, den ganz Europa als den größten Meister der klassizistischen Bildhauerkunst verehrt. Canovas Marmorstatuen begeistern ihn dermaßen, daß er bekennt: Jetzt erst weiß ich, was Kunst ist. Die wiedergefundene Schönheit der Alten Welt entflammt ihn, die Sinnlichkeit.

Das unverhohlene Bekenntnis zur Daseinslust erregte ihn, er verliebt sich in diese Kunst des Schönen, im Schönen liebt er die Welt, und durch die Welt sich selbst.

1808 Für das zwischen dem Hofgarten und dem Karlstor liegende Gebiet, das noch den »Charakter eines regellosen Dorfes« hat, wie es in einer staatlichen Schrift heißt, wird eine »großzügige Idee« gesucht: München, seiner Festungsmauern ledig, beginnt über sich hinauszuwachsen.

1812 Die Architekten Carl von Fischer und Ludwig von Sckell legen einen »Generalbebauungsplan« für München vor. Wegen der napoleonischen Kriege und der daraus stammenden Finanzmisere kann das Projekt jedoch nicht begonnen werden.

In dieser Zeit betätigt sich Kronprinz Ludwig als Sammler antiker Kunstwerke. Als er hört, daß man in Veji, Italien, eine prachtvolle antike Statue ausgegraben hat, entschließt er sich, selbst nach Altertümern zu forschen, kauft, von einem Archäologen dazu ermuntert, auf der griechischen Insel Milo einen Acker, in dem die Reste eines Theaters alter Zeit liegen sollen, hat aber nur wenig Glück.

Glück hat dagegen ein anderer: Einige Jahre später wird in der Nähe des Grundstücks, das Ludwig gehörte, ein sensationeller Fund gemacht: Die Venus von Milo.

1814 —15 Das Zeitalter Napoleons endet auf blutigen Schlachtfeldern (Waterloo: 1815).

Kronprinz Ludwig, vom Geist der Antike völlig besessen, betreibt den Ausbau der Stadt München im Sinne seiner Vorlieben und architektonischen Vorbilder. In Paris, wohin er sich begibt, um die von Napoleon auf dessen Feldzügen überall in Europa geraubten Kunstschätze zu sichten und deren Rückkehr in die Heimatländer zu veranlassen, macht er die Bekanntschaft eines Architekten — Leo von Klenze. Er ist von dessen Ideen derart berührt, daß er seinen Vater, König Maximilian Joseph, bittet, Klenze in Dienst zu nehmen. Es geschieht. Klenze erhält zunächst den Auftrag, den Plan für eine »Glyptothek« zu entwerfen sowie die Anlage vor dem noch stehenden »Schwabinger Tor« zu projektieren. Die erforderlichen Mittel stellt der Kronprinz aus seiner Privatschatulle zur Verfügung.

1816 Die Pläne für den ersten Abschnitt der Straße, die vom Schwabinger Tor nach Norden gebaut werden soll, werden vorgelegt. Klenze, von den Alteingesessenen als »Zuagroaster« mit Argwohn betrachtet, kann sich ganz auf Ludwig stützen, dessen Vertrauen er genießt.

1817 Am 5. Mai billigt König Maximilian Joseph die Entwürfe von Klenze. Die *Ludwigstraße* ist damit geboren. Das Schwabinger Tor fällt, der Rest der Festungsmauer fällt, das Gelände davor wird eingebaut. Schon melden sich begüterte Familien, die auf einen Wohnsitz an der vorerst nur projektierten Prachtstraße reflektieren.

1822 Am 25. August — Ludwig ist auf den Tag 36 Jahre alt — erhält die noch immer in den Anfängen stekkende Prachtstraße ihm zu Ehren ihren Namen. Sie ist das Werk zweier Männer: Des Kronprinzen und dessen Architekten Klenze. Aber der Baumeister beginnt, seine Aufgabe als eine Last zu empfinden. Ihn erschreckt Ludwigs Weitherzigkeit und Lust nach Pracht und Größe. Ludwig will überall grandiose Fassaden und hohe Stockwerke aufsteigen lassen. Und da er sich um jedes Detail in den Plänen des Architekten kümmert und alles Dekorative ablehnt und immer seinen Willen durchsetzt, tritt er seiner Straße gegenüber als ein Herrscher auf, noch ehe er König ist.

Die Architektur wird sein Imperium. Sie ist sein Königreich. Sein Wille ist oberstes Gesetz. Und so bestimmt er bei den Palästen die Zahl der Stockwerke, die Höhe der Gesimse, die Farbe der Wände. Alles soll vor Helligkeit leuchten. Und: In der Ludwigstraße wird es auf keinen Fall Ladengeschäfte oder Handwerksbetriebe geben!
Klenze, derart an den Zügel genommen, begehrt auf: »München ist nicht Rom!« und verkennt dabei, daß es Ludwigs Wille ist, aus München, wenngleich kein zweites Rom, so doch eine Stadt zu ma-

chen, die alle anderen deutschen Städte antikisch übertreffen soll — zur Ehre seiner Residenz und des Landes.

Aber es steckt wohl noch etwas anderes dahinter. Die Renaissance hatte, als sie die Augen vom Jenseits abwandte und den Blick über die Erde hinlenkte, den Fürsten eine neue Art von Unsterblichkeit verheißen — den ruhmreichen Nachruf im Stein der von ihnen erbauten Paläste, Straßen, Kirchen und Städte.

Die Ludwigstraße ist Ludwigs eigenhändig verfaßter Nachruf an die späteren Geschlechter. Leider wissen die Gegenwärtigen unter den Späteren kaum, welcher Sinn sich hinter dieser Straße verbirgt.

1825 Ludwig wird König von Bayern. Damit ist die Stunde seines Triumphs gekommen. Der Politik nur sparsam zugetan, wirft er seine Leidenschaft auf den Bau seiner Straße, denn als Herrscher verfügt er jetzt über die Vollmachten, die ihm als Kronprinzen fehlten.

Er hat inzwischen in aller Stille sein Unternehmen, das die Münchner das »Privatunternehmen des Kronprinzen« nannten, bis in den Norden der Stadt projektiert.

1826 Die Stadt erhält den Auftrag, sämtliche Grundstücke zu beiden Seiten der projektierten Ludwigstraße aufzukaufen und die ringsum im Gelände verstreuten Gebäude abzureißen; 32 Häuser fallen unter der Spitzhacke.

Die Bürgerschaft bekommt es mit der Angst zu tun, denn das ist ihr alles »viel zu weit draußen«. Zu lange in der kleinen mittelalterlichen Stadt wohnend, schreckt sie vor den neuen, gewaltigen Distanzen zurück. Schon die sich einsam über Wiesen erhebende Pinakothek — »Dachauer Gemäldegalerie« genannt —, hat ihren Widerspruch herausgefordert, da »zu weit im Norden«.

Nachdem er sich 6 Wochen lang im geliebten Italien aufgehalten, legt Ludwig im Sommer den Grundstein zu einem neuen Flügel seiner Residenz, den Klenze im Stil des Palazzo Pitti, Florenz, errichten soll: »Königsbau«.

1827 Ludwig gibt bekannt, daß er die Ludwigstraße bis nach Schwabing zu führen gedenkt. Wie die Bürgerschaft diese Nachricht aufnimmt, hat Joh. Karl August Lewald anno 1830 notiert:

»Um in ihrer ganzen Ausdehnung ausgeführt zu werden, bedürfte es einer Bevölkerung, die für München niemals denkbar ist; in einem Winkel des Vaterlandes gelegen, am Fuße der Tyroler Berge, lediglich durch den Hof des Königs von

Bayern blühend, wird es nie mit magnetischer Kraft fremde Ansiedler anziehen können.«
München hat 1830 insgesamt 78 000 Einwohner.

1828 Die Spannungen zwischen dem König und seinem Architekten verschärfen sich, Klenze sieht sich nach zehnjähriger intensiver Zusammenarbeit mit Ludwig durch einen anderen Baumeister verdrängt: Friedrich Gärtner. Dieser wird die Ludwigstraße vollenden.

Den Münchnern naht um diese Zeit ein neues Ärgernis: Eine Staatsbibliothek soll gebaut werden. Und zwar links vom Kriegsministerium an der Ludwigstraße. Der König bekommt wieder Schwierigkeiten, denn sofort erklärt das Finanzministerium, erst in vier Jahren über die notwendigen Mittel verfügen zu können.

Ludwig revanchiert sich, indem er beschließt, die Ludwigskirche errichten zu lassen. Er entnimmt seiner Kabinettskasse 100 000 Gulden. Mit dem neuen Projekt rückt er auf die Höhe der Schellingstraße vor. Bürgermeister Jakob Klar drückt die Stimmung der Bevölkerung aus, indem er sagt, eine Besiedelung der Gegend an der Schellingstraße künftighin sei unwahrscheinlich.

Der Bau der Ludwigskirche wird auf eine Million Gulden veranschlagt, die Bauzeit auf 15 Jahre.

1829 Am 6. Juni lehnt der Magistrat der Stadt München das Projekt Ludwigskirche, diesen »ebenso kostspieligen als entbehrlichen Bau« ab. Der König läßt trotzdem beginnen. Aber der Magistrat widersetzt sich aufs neue und weigert sich, die Kosten für die ersten Ladungen Mauersteine zu übernehmen. Ludwig fährt den Bürgermeister Klar heftig an: »Sagen Sie ... denen, die das große Wort führen, ich leide keinen Widerspruch. Wenn nicht geschieht, was ich will — das erste ist, daß sie die Universität verlieren, darauf sollen sie sich gefaßt machen (die Universität ist 1826 von Landshut nach München geholt worden).

Mit dieser Drohung begibt sich der Bürgermeister zum Magistrat, um zu erklären:

»Wenn nicht binnen 24 Stunden die Hindernisse zum Bau der Ludwigskirche beseitigt sind, ist Seine Majestät entschlossen, lieber Ihre Residenz zu verlassen als diese Widerstände länger zu dulden.«

Das wirkt. Der Magistrat gibt seine Zustimmung — und bringt die Stadt dadurch in schwere Bedrängnis: Die Schulden steigen. In wenigen Jahren von 300 000 auf 2,5 Millionen Gulden.

Das ist um so schlimmer als kein Mensch glauben kann, daß die Ludwigstraße überhaupt einen Sinn hat. Die Straße hat sich nach Meinung der Bevölkerung vom Weichbild der Stadt bereits so weit entfernt, daß sich für die Wohnpaläste keine Mieter mehr finden.

1831 Auch wegen der Pinakothek gibt es Streit. Die Stadt verweigert dem

König die Mittel, die er braucht, um seine große Gemäldegalerie fortzuführen. Die Bürgerschaft murrt, es gäbe Nützlicheres. Und wirft ihm Verschwendungssucht und Luxus vor.

1832 Die Arbeit an der Ludwigskirche wird eingestellt, da keine Mittel mehr vorhanden sind. Erst 1835 kann weitergebaut werden. Im gleichen Jahr erhält Friedrich Gärtner endlich die Kredite, die er für das Projekt Staatsbibliothek braucht. Die ständigen Proteste, die der Magistrat gegen den König in dessen Eigenschaft als Bauherr erhebt, sind ein schönes Zeichen der damals herrschenden bürgerlichen Freiheit, machen aber dem König das Leben schwer.

Ohne Zweifel ist das vom Jahre 1800 an unter der späten Sonne der Antike aufblühende und heranwachsende München im Zweikampf des Königs mit seinen Kleinstädtern entstanden, und zwar gegen deren erklärten Willen.

Als sich herumspricht, daß der König die Staatsbibliothek benötige, um 22 000 Handschriften und 500 000 Bücher darin unterzubringen, erklärt der Magistrat: »Wieder ein Luxusbau, der am Ende doch nicht dem Nötigen entspricht.«

Auch Gärtner gerät in Konflikt mit dem König. Ludwig denkt sich die Staatsbibliothek mit einer ungewöhnlich langen Fassade und ohne jedes Beiwerk, und streicht seinem Architekten aus dessen Plänen jedes Dekor, so daß diesem vor Gram die Tränen kommen. In einem Brief läßt Gärtner 1830 seinem Unmut die Zügel schießen:

»Der König geht nun einmal nicht von der Idee ab, sie in *einer Front* aufbauen zu lassen, ohne Vorsprung, ohne Säule, ohne Portikus, lauter rundbogige Fenster à la fiorentina ... eine langweilige Bücherkaserne ... Der Palazzo Ruspoli steckt ihm im Kopf, und auf meine Bemerkung, daß dieser gerade die Hälfte so lang sei, also nicht so leicht monoton aussehen könne, freute sich Seine Majestät und rieb sich die Hände.«

1832 Beginn des Baues der Staatsbibliothek. Ende des Baues: 1839.

1835 Otto von Wittelsbach, Ludwigs Sohn, übernimmt am 1. Juni als König von Griechenland in Athen die Regierung (Griechenland ist zuvor unter der glühenden Teilnahme Europas von der türkischen Herrschaft befreit worden).

Im November desselben Jahres begibt sich König Ludwig in Begleitung seines Architekten Gärtner in die griechische Hauptstadt, um für den neu zu errichtenden Königspalast seines Sohnes einen ent-

Petra Moll

sprechenden Platz auszuwählen. König Otto, wie sein Vater von der Liebe für alles Antikische durchdrungen, möchte seinen Palast auf der Akropolis, Griechenlands heiligem Berg, erbauen. Ludwig hat Mühe, ihm den Plan auszureden.

1835 Ludwig, aus Athen zurückgekehrt, sieht seine Straße ihrem Ende entgegeneilen. Er gibt den Auftrag, die Universität zu errichten. Die Mittelfassade springt von der Straße zurück, um einem viereckigen Vorplatz Raum zu schaffen, und da die gegenüberstehenden Gebäude ebenfalls zurückgenommen werden, herrscht vor der Hochschule ein großes, von der Straße durchschnittenes Quadrat, das durch zwei Fontänen belebt wird.

Nach und nach werden die noch vorhandenen Lücken der Straße geschlossen. Ludwig zu Ehren erhält die Stilrichtung der Prachtstraße die Bezeichnung »ludowizisch«, was etwas grob ist.

In Wahrheit handelt es sich um eine der elegantesten Prachtstraßen der Welt (wie man bisweilen hört). Was fehlt, sind noch die Abschlüsse. Auch dafür sorgt er:

1841 entsteht die Feldherrnhalle; sie legt sich am Odeonsplatz mit ihren drei hohen Rundbögen quer vor die Straße und bietet dem Auge in der Richtung Nord-Süd einen Halt.

1843 entsteht das Siegestor. Es schließt die Straße nach Norden ab. Hinter dem nach römischem Vorbild entworfenen Bauwerk beginnt die Leopoldstraße, mit Pappeln gesäumt, so daß das Grün der freien Natur in die steinerne Pracht der Ludwigstraße herüberweht.

Alles in allem hat Ludwig 26 Jahre seines Lebens an seiner Straße gebaut.

Ansichts-Sachen

»Das sieht ja alles viel älter aus als es ist«, sagte sie fast anerkennend. Wir waren gerade am Siegestor angelangt und hielten unter dem mittleren der drei Bögen, von wo aus man den schönsten Blick auf die Ludwigstraße hat. Wildes Geklingel trieb uns zurück – aus Schwabing raste die Straßenbahn heran, fuhr durch das Tor, hielt.

»Welch hübscher Anachronismus der bayerischen Könige«, sagte sie, »ein Titusbogen oder was sonst als Ehrenpforte für die Elektrische.«

Unsere Wanderung hatte dreißig Minuten gedauert. Wir waren immer wieder

stehengeblieben, um die einzelnen Gebäude in Augenschein zu nehmen, ich gab ihr die Namen an und wer oder was darin untergebracht sei. Sie meinte:
»Finanzministerium — Banken — Versicherungen — Oberstes Verwaltungsgericht — ein Universitätsseminar — Salinenverwaltung — die Universität, und auf der gegenüberliegenden Seite das ehemalige Kriegsministerium und die Staatsbibliothek, die Ludwigskirche samt Pfarrhaus und dem schönen Park mit den hohen Bäumen dahinter — aber gar nichts Privates. Fast alles staatlich. Ein Glück, daß sie nur 1200 Meter lang ist.«
»Ein Glück?«
»Ja, weil man sich sonst völlig verloren darin vorkommen würde.«
Sie deutete auf die hell leuchtend-weißen Pyramidentürme der Ludwigskirche: »Das gefällt mir am besten. Die Türme sehen aus wie zwei Minarette.«
»Wahrscheinlich ist das auch Florenz«, warf ich ein. Sie fuhr fort:
»Das belebt die linke Front. Die Mauer steigt hoch in die Lüfte. Und ganz dort unten diese gelbe Theatinerkirche, wie sie sich emporreckt, das gefällt mir auch. Dadurch wird die Monotonie durchbrochen. Und daß hinter der Feldherrnhalle aus der Stadt heraus einige Türme auftauchen, das gefällt mir auch.«
»Schön ist, was ohne Begriff gefällt, wie Kant sagte.«
Mit einem Lächeln erwiderte sie:
»Monsieur, Ihre Ludwigstraße ist mir etwas zu schwer, obwohl ich sie lernen würde. Man würde, wenn man oft hindurchginge, immer an die Antike denken müssen und sich alteuropäisch fühlen. Aber Sie haben recht: Irgendwie ist alles ein wenig genial, wie Sie sagten.«
»Verzeihung, ich habe nie gesagt, das sei genial.«
»Aber Sie haben so davon gesprochen, als ob Sie es genial fänden.«
Vor solcher Logik fühlte ich mich machtlos. Aber ich freute mich, daß sie aufzutauen begann. Sie war noch nicht zu Ende:
»Wissen Sie, was mich am meisten wundert?«
Ich schaute fragend.
»Am meisten wundert mich, daß es so wenig Gebäude sind — oder wie Sie es nennen: Paläste. Doch, doch so haben Sie gesagt. Auf der rechten Seite von hier aus reihen sich vielleicht zehn aneinander, auf der gegenüberliegenden Front sind es noch weniger, wahrscheinlich, weil die Staatsbibliothek so viel Platz braucht. Trotzdem macht alles einen imponierenden Eindruck.«
Es war mir noch nie aufgefallen, daß man die Bauwerke der Ludwigstraße an den zehn Fingern herzählen kann. Ich bedankte mich und sagte:
»Ich bin dabei, von Ihnen zu lernen. Sie verstehen es auf sehr charmante Weise, Ihrem Fremdenführer die Augen zu öffnen.« Lächelnd, eine Verbeugung andeutend, erwiderte sie:

»Sie haben mich ja aber auch ganz schön präpariert. Ich habe zwar längst nicht mehr all die Einzelheiten parat, die Sie mir an den Kopf geworfen haben, aber ich habe immerhin ein Bild von ›Ihrem München‹, das Sie mir ja zeigen wollten. Es wimmelt und vibriert und schillert in allen Farben. Lieben Sie die Impressionisten?«

Ich gestand es.

»Sie sind selbst ein Impressionist, Monsieur. Methode kann man von Ihnen nicht erwarten. Ich will Ihnen etwas sagen — Impressionisten sind Improvisierer.«

Fast verlegen machte ich sie darauf aufmerksam, daß man, wenn man herumzuschlendern beginnt, bereits zu improvisieren anfängt. Sofort sagte sie:

»Aber das gefällt mir ja gerade. Sie haben mir ein Phänomen skizziert — dieses München. Das war sehr liebenswürdig. Es ist an der Zeit, Ihnen zu danken.«

Ich war beinahe sprachlos und brachte nur einen Satz heraus:

»Komplimente, die ich nicht erwidern kann, irritieren mich.«

Sie lachte so laut, daß die Passanten herschauten. Die Schwalben sichelten den hohen Himmel ab, der seine verblassende Honigfarbe mit dem Blau des heraufziehenden Abends mischte, die Helligkeit der linken Straßenfassade ließ nach, die rechte verdunkelte sich mehr und mehr. Die Autos flossen spärlicher. Ein leichter Wind trug aus der Leopoldstraße den grünen Geruch der Pappeln herüber und aus den Gärten der Künstlerakademie ein kühles Gefühl von Gebüsch. In den Steinen ringsum war noch die Wärme des Tages.

Abermals blickte sie in die vor uns liegende Schlucht der Straße, schaute und schaute und sagte dann sehr bestimmt:

»Aber das ist ja eigentlich gar keine Straße. Das ist ein langer, breiter Saal mit hohen Wänden, denen nur noch die Decke fehlt . . .« Sie besann sich — »doch, eine Decke hat er auch. Tagsüber blau, in der Dämmerung golden, dann als erhellter Nachthimmel. Wieso sprechen Sie immer von Straße, wo es sich doch um einen riesigen Saal mit Rundbogenfenstern in den hohen Mauern handelt.«

»Die Reporterin ist auf der Höhe der Situation«, murmelte ich, »Sie verdolmetschen mir dieses München besser als ich es kann. Sie lesen mehr heraus als ich. Ich ernenne Sie zur Fremdenführerin honoris causa. Sie haben sich ein Diplom verdient.«

»Wie reizend von Ihnen«, erwiderte sie spöttisch.

»Aber ich bin es leid geworden, die Stadt immer nur mit Ihren Augen zu sehen. Und will jetzt allein dahinterkommen, wie München ist.«

»Meinen Sie, daß Sie die Stadt jetzt auf eigene Faust entdecken möchten? Soll ich mich zurückziehen?«

»O nein«, gab sie lächelnd zurück, »Sie sind auf so charmante Art unausstehlich,

daß ich Sie vermissen würde. Sie provozieren mich ja immer. Sie wecken meinen Ehrgeiz . . .«
»Hat leicht sein können«, antwortete ich mit einem alten bayerischen Spruch und unterdrückte mit Mühe ein Grinsen. Gleich fuhr sie mich an:
»In diesem Moment wirken Sie ziemlich hinterhältig, muß ich schon sagen.«
»Hintersinnig wäre vielleicht besser,

MÜNCHENER - VEREIN
VERSICHERUNGEN
Petra Moll MÜNCHEN

Mademoiselle. Es gibt nämlich noch eine Eigenschaft, die man aus München herausfinden kann, und das ist meiner Meinung nach die stärkste. Ich werde aber nichts darüber sagen. Vielleicht kommen Sie selbst dahinter. Vielleicht auch nicht.

Vielleicht kann das nur ein Mann erkennen. Ich werde es Ihnen nennen, ehe unsere vier Tage um sind.«

Sie blickte nachdenklich, faßte sich und sagte entschieden:
»Und was jetzt?«

Ich deutete nach Norden und wir gingen. Wir gingen auf dem rechten Trottoir der Leopoldstraße durch die schmale Pappel-Allee, warfen einen Blick auf die unter Kerzenlicht liegenden farbig gemalten Sachen und Metallarbeiten, drängten uns durch die hin- und herebbende Menge der Jungbärte und Minimädchen, streiften an den im Freien wimmelnden Restaurants vorüber, eckten jenseits der Franz-Joseph-Straße an den vollbesetzten Tischen der Eiscafés an, strebten durch neues Menschengewurl bis zum Feilitzschplatz, waren damit in Schwabing, bogen nach rechts ab, gingen unter den farbigen Leuchtschildern Dutzender Bars und Ausschänke bis zur Silhouette der Silvesterkirche und spürten uns dort von einem kühlen Wind getroffen, der aus den dunklen Gebüsch- und Baumkulissen des Englischen Gartens kam. Es war schon zu dunkel. Sie würde im Englischen Garten nichts mehr sehen können. Außerdem schien sie müde.

Wir nahmen ein Taxi, fuhren in den schönen Wirtsgarten an der Adalbertstraße, freuten uns über die Stille und verließen ihn sehr spät.

Über die Schellingstraße führte ich sie nochmals an die Ludwigstraße. Die hohen Bogenlampen machten die Nacht fast zum Tag, das helle Licht der Scheinwerfer riß die Fassade der Ludwigskirche wie eine scharfgezackte Kulisse mit kantigen weißen Rändern in den schwarzen Himmel hinauf. Von kaum einem Auto heimgesucht, dehnte sich der riesige Festsaal der Straße an uns vorüber.

»Jetzt ist das alles wie eine Sage des Altertums«, sagte sie.

»Und jetzt reden die Steine nicht mehr.«

Sie irrte. Es war ein beredtes Schweigen. Ich sagte nichts mehr, um die Nacht nicht zu stören.

Am anderen Tag, als ich sie früh in ihrem Hotel abholte, sagte sie:

»Meine Zeitung hat mich zurückbeordert. Einige Kollegen sind im Urlaub, ein paar andere krank. Der Chef meint, daß drei Tage eigentlich reichen sollten. Ich habe protestiert, denn es ist zu wenig. Die Maschine geht um ein Uhr.«

Schade. Es blieben uns noch drei Stunden. Was kann man in einer so kurzen Zeit sehen?

Ich führte sie durch die Veterinärstraße in den Englischen Garten vor das entzückende Kinderkarussell aus dem Jahr 1913 mit den lieben Jugendstil-Bildern und vor den Chinesischen Turm, erzählte ihr das Wichtigste über jenen englischen Offizier Benjamin Thompson, der, in Amerika geboren, 1784 hier in München in bayerische Dienste trat, ein Wohltäter der Stadt wurde und 1789 den Kurfürsten dafür gewann, das im Norden der Residenz liegende Land in einen großen Park zu verwandeln — den Englischen Garten.

Dann zeigte ich ihr die jubelnde Pracht im Innern der Theatinerkirche, schlepp-

te sie in den Alten Hof, wo die bayerischen Herzöge ihre burgartige Residenz gehabt hatten, ging mit ihr in die Frauenkirche, diesen hochragenden nüchternen gotischen Innenraum, zeigte ihr das Innere von St. Michael aus der Zeit um 1590, wo die klassischen Maße und Formen der Renaissance durch die Vorspiele zum Barock aufgehellt werden, geleitete sie nochmals durch die ruhige »Fußgän-

gerzone«, wo sie damit beschäftigt waren, die großen Platten aneinanderzufügen, und wo jetzt kleine Stände mit den Café-Tischen wetteiferten. Für die Pinakothek würde es zu spät werden. Ich hätte ihr gerne eines meiner Lieblingsbilder – die »Alexanderschlacht« von Altdorfer gezeigt. Aber sie würde vom Königsplatz mehr haben. »Aha, das ist das Neu-Athen der Wittelsbacher«, sagte sie,

als wir auf die Propyläen zugingen. Von allen Seiten warfen die Bäume ihr Dunkelgrün herüber.
»Die zwei Museen links und rechts sind doch eigentlich Tempel, oder finden Sie nicht?« Dann: Taxi. Hotel. Koffer. Flughafen. »Es ist eine Stadt mit sehr viel Bäumen, mein erster Eindruck war richtig.«

Schade, der vierte Tag würde ihr fehlen. Aber sie war guter Dinge. Ich traute meinen Augen nicht, als sie mir fast schon an der Sperre, kurz ehe sie in den Warteraum der Passagiere für Paris verschwand, eine Art Kußhändchen zuwarf. Unter dem Gelächter, das wir beide anstimmten, ging sie.

Acht Tage später erhielt ich aus Paris einen Brief von ihr:
»Lieber Herr Fremdenführer,
der Titel meiner Reportage soll heißen:
EIN FLIRT MIT MÜNCHEN
3 schöne Tage –
aber ich bin noch nicht weit gekommen, und höre soeben, daß ich für drei Wochen nach dem Libanon soll, um über Land und Leute zu berichten. Da ich Ihnen aber versprochen hatte, Ihnen eine Kostprobe meiner Künste zu schicken, bekommen Sie hier wenigstens den Anfang meines Berichts. Über die Grundlinien der Stadt, die Sie mir eingehämmert haben – ›sie stammt aus dem Geist der Renaissance und ist eine Tochter Italiens‹ haben Sie behauptet –, werde ich schreiben, sobald ich aus dem Orient zurück bin.
Ich finde übrigens, daß wir den vierten Tag gut hätten brauchen können, und sagte es meinem Chef. Er grinste bloß. Ich habe mir in den letzten acht Tagen alles mögliche Material über München besorgt und dabei festgestellt, daß Sie mir leider einiges unterschlagen haben, was wahrscheinlich nicht Ihre Schuld ist. Sie sind eben ein Straßen-Fan. Ludwigstraße! Ich bitte um Verzeihung, aber was wir ausgelassen haben, sind:
Die Innenhöfe und Innenräume der Residenz
Die Pinakothek
Die Schlösser – Nymphenburg und Schleißheim
Das Cuvilliés-Theater
Das Hofbräuhaus
Kirchen
Das Innere der Staatsbibliothek
Das Innere der Universität.
Ich sende Ihnen beste Grüße aus der großen Weltstadt Paris in die kleinste, aber entzückende Weltstadt München.«

Charmant. Ich mache mich an ihren Bericht:

FLIRT MIT MÜNCHEN
DREI SCHÖNE TAGE

Kasse
Petra Moll

Vorspiel:
Er holt mich am Flughafen ab, da er mein freiwilliger Fremdenführer ist. Ich habe mich ihm auf dem Flughafen München-Riem kaum vorgestellt, als ich merke, daß er mir immer auf die Füße starrt. Es irritiert mich. Bald darauf, in der Stadt, stellt sich heraus, daß er meine Schuhe gemustert hat, weil er glaubt, daß jeder, der München besucht, auf Wanderschaft durch die Straßen und Plätze gehen muß. »München ist für Fußgänger gemacht«, erklärt er kategorisch. Und handelt danach. Er schleppt mich dreieinhalb Tage über sämtliche Trottoirs der Innenstadt, um mir alles vorzuführen, was er an der Stadt liebt, wie er sagt.
Abends hätte ich immer gerne geweint, weil mich die Füße brennen. Aber ich bin zu stolz, es merken zu lassen. Das ist der Fluch, junge Generation zu sein, wenn man mit der alten zusammentrifft. Somit kann ich sagen, daß ich mir dieses München ehrlich verdient habe. »Weltstadt mit Herz«, nennen sie es. Und, da sie als Bayern in der Kunst, Zurückhaltung zu üben, gediehen sind, sagen sie manchesmal »Millionendorf« zu ihrer Stadt. Aber das ist die Kehrseite von Protzerei. Denn München hat mit einem Dorf nichts zu tun. Es ist im Gegenteil eine durch und durch urbane Erscheinung.
Sie arbeiten dort an einer Sensation: Der Fußgängerzone. Seitdem sich die Untergrundbahn in die Erde hinabgefressen hat, ist die Hauptader der Innenstadt für alle Fahrzeuge gesperrt. Auf diese Weise ist eine Art mittelalterlicher Platz entstanden, der am Alten Rathaus beginnt und sich 400—600 Meter lang, und ziemlich breit, die Bürgersteige sind gelöscht — bis zum Karlstor zieht. Ein Spielfeld für Flaneure auf einem 800jährigen Boden.
München, 1158 gegründet, ist bis zum Jahre 1790 von Mauern und Toren umringt gewesen. Ein in Amerika geborener Engländer, der 1784 in den Dienst des bayerischen Kurfürsten trat, hat dem Fürsten um 1790 empfohlen, Mauer und Wall abtragen zu lassen. Sein Name: Benjamin Thompson, von 1792 an »Graf Rumford.«
Bis dahin war alles kleinstädtisch. 40 000 Einwohner. Jetzt fast 1,4 Millionen.
Dann hatten sie Glück, unwahrscheinliches Glück. Ein junger Mann aus dem Hause Wittelsbach — dem bayerischen Fürstenhaus —, im Geist der Antike erzogen, bemächtigt sich des freien Geländes im Norden und Nordwesten der um 1800 aus dem Mittelalter heraustretenden Stadt, um seinen Architekten die Möglichkeit zu geben, München im klassizistischen Stil auf neue Art voranzutreiben. Zuerst als Kronprinz, dann als König (Ludwig I.), baut dieser Fürst all die Viertel an, die man gesehen haben muß, wenn man sich rühmen will, München besucht zu haben.

Petra Moll

Die Stadt ist auf Italien wie versessen: »München läßt sich aus dem Geist der Renaissance« ableiten, sagt mein Fremdenführer mit der größten Gemütsruhe, obwohl er zugibt, daß der Klassizismus erst um 1770 in Europa auftaucht. Er hat auch eine Erklärung dafür, die etwas verblüffend wirkt. Er sagt: In der Renaissance um 1300 lehnt sich Italien gegen die Herrschaft der mittelalterlichen Gesinnungen auf. Das Übernatürliche wird in das Jenseits zurückgedrängt, das Jenseits tritt in den Hintergrund, und Petrarca, der Sänger der Schönheit und des Ruhmes wetteifert mit Dante, der der letzte Dichter des Mittelalters ist. In Florenz überschneiden sich in den beiden Personen die beiden Zeitalter, das alte und das neue. Das Leben wird auf das Diesseits gerichtet, Hic Rhodos, Hic Salta. Die moderne Welt beginnt. Der Wille zur Macht erwacht, die Sinnlichkeit und Schönheit fordert ihr Recht. Der Mensch als Persönlichkeit wird entdeckt. Und die Persönlichkeit sucht irdische Unsterblichkeit. Ruhm soll den Namen des Mannes bis zu den spätesten Geschlechtern verbreiten. Da Politik nichts ist, was den Sinnen etwas zu bieten hat, beginnt das Zeitalter der europäischen Künste. Die Baukunst vor allem hat einen politischen Willen als Triebkraft: Sie soll die Lebenszeit des Fürsten in Stein verewigen.

Wie König Ludwig I. seinen Ruhm als Bauherr und Kunstbesessener für die Gegenwart überliefert hat, läßt sich an der Straße ablesen, die seinen Namen trägt. Die Ludwigstraße ist ein Kapitel für sich. München, obwohl aus dem Mittelalter stammend, ist luftig und leicht zu durchschauen. In 15 Minuten wandert man durch die ersten 800 Jahre seiner Geschichte. Und: Es ist eine Stadt mit vielen breiten und geraden Straßen, die alle irgendein Bauwerk als Abschluß haben, mit vielen Hainen in der Stadt und sehr vielen Bäumen: mehr als 50 000. Und vielen Plätzen. So daß man immer das Gefühl hat, frei zu sein. München ist in allem das Gegenteil einer der großen europäischen Kapitalen. Und für jede amerikanische Stadt mit ihren höhlenartigen Straßenkanälen eine Herausforderung.

Man hat dort viel Himmel über sich. Der Himmel ist oft »italienisch blau«, wie sie sagen. Sie meinen überhaupt, daß sie eigentlich am Mittelmeer liegen, und vergessen dabei, daß sie zu Germanien gehörten. Aber das hören sie nicht gern. Das größte Kompliment macht man ihnen, wenn man mit ihnen findet, daß sie eigentlich Lateiner sind. Oder gar Römer. Wir Franzosen müssen, noch ältere Lateiner als die Münchner, einiges dazulernen.

Jedenfalls: Sie blicken fast nur nach Süden über die Alpen. Und auch nach Osten. Wenn sie ihre Augen nach Norden richten, endet ihr Horizont meistens am Main, der einer ihrer nördlichsten Flüsse

SCHOTTENHAMEL
FESTHALLE
Petra Moll

ist. Was dahinter liegt, nehmen sie zur Kenntnis, wenn sie es für nötig halten.
Um das München von heute so zu schildern, wie es seine dortigen Liebhaber empfinden, müßte man ein Tacitus der siebziger Jahre des 20. Jahrhunderts sein.
Mein Fremdenführer sagt ungeniert: »Diese Stadt ist meine Geliebte.« Das muß eine Französin aus Paris und meines Schlages vor Neid erblassen lassen.
Für den Anfang war das nicht schlecht. Ich teilte es ihr mit und bat sie, mir den ganzen Bericht zu schicken, ich sei vor allem an den Münchner Details interessiert, die sie sicherlich bringen würde.
Acht Tage später kam eine Ansichtskarte aus dem Libanon. Dann war Schweigen. Aber vor einigen Tagen erhielt ich aus Paris wieder ein Lebenszeichen: Ihre Zeitung beabsichtige, sie zum Oktoberfest zu schicken: »Ich gelte hier nämlich als Expertin für München, weil ich ihnen ziemlich vorschwärmte, wie ich glaube. Das verdanke ich Ihnen. Werden wir uns alles anschauen, was wir versäumen mußten, wenn ich wiederkomme?«
Ich antwortete sofort, daß ich mich über ihre Rückkehr sehr freuen würde.
Und warte seitdem. Aber nicht, weil ich wie die anderen Münchner auf das Oktoberfest warte.

Umschlagbild: Am Rindermarktbrunnen auf dem Boden Altmünchens. Seit 1430 wurden hier Viehmärkte abgehalten.

Titelbild: Das Stadtpanorama, wie die Welt es kennt: Zwischen den beiden Kuppeln der Frauenkirche (1494 geweiht) und der schmalen Turmspitze der Salvatorkirche rechts (1494) erhebt sich die Theatinerkirche mit ihren beiden farbigen Barocktürmen und der Kuppel (der Bau wurde 1663 begonnen).

Der Alte Hof im Herzen der Altstadt, um 1255 als die erste Residenz der Wittelsbacher Herzöge erbaut, und zwar unmittelbar an der damaligen ersten Stadtmauer. Ursprünglich »Alte Veste« genannt.

Salvatorkeller: Von den vielen Biergärten, Stätten der vielgerühmten Münchner Gemütlichkeit, sind nur noch wenige vorhanden.

Gartenwirtschaft: Biergarten-Idyll im Hochsommer.

Der Viktualienmarkt mit Blick auf die Heiliggeistkirche (1392 vollendet, 1730 umgebaut). Im Vordergrund: Karl Valentin als Brunnenfigur. Karl Valentin, einer der berühmten Münchner Volkssänger (1882 – 1948), war ein Humorist, den viele für einen Charly Chaplin auf bayerisch halten.

Geschäfte: Zu Füßen der Peterskirche die Läden, die zum Viktualienmarkt gehören.

Der Alte Peter: Der »Alte Peter« vom Viktualienmarkt aus gesehen, Münchens populärster Turm. Er gehört zur Kirche St. Peter, die im 12. Jahrhundert erbaut wurde. Sie ist die älteste Kirche der Stadt. Oftmals umgebaut. Im Zweiten Weltkrieg schwer zerstört. Seit 1954 wiederhergestellt.

Das Alte Rathaus mit den beiden Torbögen gehört zum ältesten Teil der Stadt; von 1315 – 1327 errichtet.

Der Wittelsbacher Brunnen am Lenbachplatz, 1895 zu Ehren des bayerischen Königshauses von Adolf von Hildebrandt errichtet. Die beiden Steinplastiken überwintern in einem Holzgehäuse.

Schloß Nymphenburg vom Park aus gesehen, 1664 – 1728 erbaut. Bis 1918 Sommersitz des bayerischen Herrscherhauses.

Ludwig II. der »Märchenkönig« des Bayernlandes, geboren 1845 auf Schloß Nymphenburg, König von 1864 – 1886. Am 13. Juni 1886 fand er im Starnberger See den Tod. Ludwig II. ist der Monarch, der Richard Wagner die Möglichkeit gab, einige seiner größten Opern zu schreiben und in München uraufführen zu lassen.

Lola Montez – die Tänzerin, die aus Geltungssucht und Torheit im März 1848 den Sturz König Ludwig I., ihres Gönners, herbeiführte. Einige Jahre, nachdem sie München hatte verlassen müssen (1848), begab sie sich nach den Vereinigten Staaten, wo sie zunächst in Theaterstücken auftrat. Sie starb 1860 in New York im Alter von 40 Jahren. (Auf der Tapete: Das Bild Ludwigs I.)

Der Hofgarten mit Blick auf die Residenz.

Eine der schönsten Aussichten Münchens: *Hinter dem Pavillon des Hofgartens* die Residenz, die barocke Vielfalt der Theatinerkirche und die Doppelkuppel der Frauenkirche.

Das bayerische Armeemuseum, eine der wenigen offiziellen Kriegsruinen der Stadt, 1903 – 1905 erbaut. Im Vordergrund das Münchner Kriegerdenkmal zum Gedächtnis an die im Ersten Weltkrieg gefallenen 13000 Münchner Soldaten.

Der Max Josephsplatz vor der Residenz (ganz rechts im Bild), zu Ehren des ersten bayerischen Königs Maximilian I. Joseph benannt, der am 1. Januar 1806 den Thron des neugegründeten bayerischen Königreiches einnahm.

Die Ludwigstraße, von König Ludwig I. mit dem quergestellten Siegestor 1843 nach einer 26jährigen Bauzeit vollendet. Links: Die Nordostflanke der Universität (Geschwister-Scholl-Platz), durch König Ludwig I. im Jahre 1826 von Landshut nach München geholt. Dank der Berufungen, die Ludwig ergehen ließ, setzte sich die Hochschule bald an die Spitze der deutschen Universitäten. Berühmte Lehrer waren: Görres, Schelling, Thiersch, Baader, Döllinger, Ohm, Liebig, Pettenkofer, Röntgen, Vossler.

Die Residenzstraße in Richtung zum Odeonsplatz, den die beiden Türme der Theatinerkirche überragen. Rechts: Die Ecke des Königsbaus der Residenz, 1826 im Renaissancestil unter Ludwig I. erbaut.

Der Brunnenhof der Residenz an einem Konzertabend im Freien. Im Hintergrund der Wittelsbacher Brunnen, 1611 errichtet.

Ludwigskirche: Zwischen den beiden Türmen der Ludwigskirche (1829 – 1844 an der Ludwigstraße erbaut) und der Kaulbachstraße gibt es noch verschwiegene Gärten, wo man ein Idyll im Grünen feiern kann.

Der Wedekindbrunnen im Herzen Schwabings, 1959 errichtet zum Gedächtnis des Satirikers und Dramatikers Frank Wedekind (1864 – 1918), der ein Bürgerschreck des wilhelminischen Deutschland war.

Der Viktualienmarkt im Frühling an einem Föhntag. Im Hintergrund: Der Alte Peter – rechts davon der neugotische Rathausturm.

Die St. Lukaskirche, 1896 als drittes evangelisches Gotteshaus Münchens errichtet.

Das Kinderkarussell im Englischen Garten, 1913 entstanden. Mit sehr hübschen Bildern im Jugendstil.

Der Monopteros im Englischen Garten, 1837 auf einem künstlichen Hügel errichtet. Von dem Rundbogentempelchen aus hat man einen schönen Blick auf die türmereiche Stadt.

Zu Füßen der *Mariahilfkirche* (von 1839) spielt sich die »Auer Dult« ab, eine Art »Flohmarkt«, wo schon mancher für billiges Geld einen Kunstgegenstand erwarb, der sich dann als ein Meisterwerk entpuppte.

Die Johanniskirche in Haidhausen am Wiener Platz.

Achterbahn und kleines Riesenrad, zwei Attraktionen auf dem Oktoberfest. Das Oktoberfest, anläßlich der Vermählung des Kronprinzen Ludwig, nachmaligen Königs Ludwig I. im Jahre 1810 gestiftet, gilt als das größte Volksfest der Welt.

Die Bavaria – eines der Münchner Wahrzeichen. Die Statue verkörpert die Patrona Bavariae, die Schutzherrin Bayerns; 22 Meter hoch, wurde sie oberhalb der Theresienwiese 1850 aufgestellt.

Riesenbretzeln warten auf dem Oktoberfest vor jedem Bierzelt auf Kundschaft. Motto: Die schönste Zeit ist die Brotzeit. Ganz Bayern lebt danach.